西安市城中村语言使用状况调查研究

李琼 著

人民出版社

目　　录

第一章 概 论

一、研究的缘起、现状与意义

（一）研究的缘起

"西安市城中村语言使用状况调查研究"基于社会语言学中"城市语言调查"的研究视角，以西安市城中村为切入点，针对城市化进程中的语言现象进行深入的调查研究，分析社会进程对语言带来的影响，发现语言与社会的共变关系，进而预测西安方言和普通话未来的发展趋势。

我国"城市语言调查"的研究视角作为社会语言学的一个分支，采用社会语言学调查研究的方法，集中研究城市语言特征及城市语言交际中的问题，是城市方言学与言语社区理论相结合的产物，是适应我国城市化发展进程的应用型的社会语言学研究，也是将语言学研究引向针对现代社会的复杂多变的语言现实的重要途径。其理论意义为，从对语言使用的直接、实时的规模性观察中了解语言作为一个开放性动态系统的性质和运作机制。其社会意义为，提供城市语言状况信息、对城市化过程中产生的语言问题进行描写分析，将其作为制定有关政策和解决实际问题时的科学依据。①

我国针对城市语言的调查研究弥补了西方社会语言学的遗憾。社会语言学虽然早在 20 世纪 60 年代就诞生于美国，并且在诞生之初就特别重视"语言变异"的研究，尤以美国拉波夫（W. Labov）为首的"城市方言"

---

① 徐大明：《社会语言学研究》，上海人民出版社 2007 年版，第 329 页。

(Urban Dialectology）学派最具影响力。城市方言学派的学者发现，"城市始终是语言变化的发源地，并且常常引领着语言发展的潮流。"① 西方社会语言学家们通过对复杂多变的城市方言的研究，找到了一套行之有效的观察语言变化的方法和理论，也取得了数量可观的研究成果，但可惜的是"20 世纪 60 年代，欧美各国的城市化加速发展期已基本结束，其后工业化社会的城市言语社区已经基本定型，而此时社会语言学刚刚兴起，因此欧美的社会语言学家们未能及时观察到城市化加速期的语言演变情况，也无从了解现有言语社区结构的形成过程"。②

西方社会语言学家没有观察到的城市化加速期的语言演变情况正在我国发生着。"城市化"也称城镇化，是指以农业为主的传统乡村社会向以工业和服务业为主的现代城市社会逐渐转变的历史过程。众所周知，从 1949 年中华人民共和国成立到 1978 年党的十一届三中全会以前，中国的城市化相当缓慢。在 1950 年至 1980 年的 30 年中，全世界城市人口的比重由 28.4%上升到 41.3%，其中发展中国家由 16.2%上升到 30.5%，但是中国仅由 11.2%上升到 19.4%。1978 年以来我国的城市化突破了长期停滞不前的局面，城市数量在 1957 年为 176 个，1977 年 190 个，1985 年 324 个，1994 年 622 个，2000 年达到 660 个，至 2004 年底，城市人口已达到 3.5 亿人。③

从以上数据可以看出，改革开放以来，随着经济的飞速发展，当代中国城市化建设取得了巨大成就，城市化率不断上升、城市化水平大幅度提高。据统计，截至 2013 年，中国城市化率已达 53.7%，与 1978 年的 17.92%相比，30 多年间增加了 35.78 个百分点。

随着城市化的迅猛发展，中国城市正发生着翻天覆地的变化，包括生态、规划、建设等，尤其是城市的人口结构发生着巨大的变化，大量的具有

---

① 王远新：《语言理论与语言学方法论》，教育科学出版社 2006 年版，第 262—263 页。
② 徐大明、王玲：《城市语言调查》，《浙江大学学报》（人文社会科学版）2010 年第 6 期。
③ 马英、邵亮：《论城市化与中国经济发展》，《辽宁师专学报》（社会科学版）2005 年第 5 期。

不同语言和方言背景的流动人口使城市中语言的使用状况变得更加复杂。本书抓住城市化进程中的产物——城中村，观察和研究其中的语言接触所造成的语言使用、语言态度、语言变化，探究社会因素对城中村语言使用状况的影响，以及根据目前城中村正在发生的语言变化预测未来的语言发展趋势。

（二）研究的现状

1. 国外研究现状

社会语言学诞生之际，正值 20 世纪中期，第二次世界大战结束不久。二战后，世界上涌现出了不少新兴国家，许多国家独立以后，面临着诸多语言与社会问题，例如通用交际语的选择、民族语言的规范化、语言教育的方针政策、双语多语混杂状况等。这些问题的出现，迫切需要语言学家关注并展开调查，理清语言与社会的关系，语言的社会功能及意义等，客观上促进了社会语言学的发展。另外，20 世纪 30 年代开始，社会科学研究方法上的进步，即普遍采用抽样调查和统计学上的方法，从把握事物总体的数量关系来揭示事物之间的内在联系，为社会语言学的发展提供了物质条件。

社会语言学的诞生弥补了传统语言学的不足。传统语言学大都是内部语言学，即从语言的内部研究语言，包括语言的结构、规则、形式等，内部语言学研究的是抽象的、同质的、理想状态下的语言系统，忽略或排除了现实生活中活生生的、异质的言语现象，忽视了人类运用语言进行交际的能力以及以语言作为交际手段所独具的社会功能和特性。因此，社会语言学从诞生之初就秉承着"异质有序"的语言观，认为语言并不是一个同质的结构系统，而是以各种不同的变异形式存在的，复杂异质的语言变异现象由于跟社会结构联系了起来，因而便进入了一个有序的结构系统。社会语言学以"变异"为立足点，重点研究语言结构、语言系统和社会结构、社会系统的对应规律和共变关系，真正了解鲜活的、正在被使用着的语言，在语言使用的社会环境中，研究语言共时运用的规则和演变规律，建立相关的解释理论，并进一步认识语言变化和变异的过程、原因、规律，预测语言的发展趋势。

自 20 世纪 60 年代起，西方社会语言学家们就利用定量分析的方法，对语言变异和言语社区进行了大量的研究。其中，"城市方言"派的代表人物拉波夫在 20 世纪六七十年代做的《纽约市英语的社会分层》《纽约市百货公司（r）的社会分层》和马岛元音央化现象的研究，在其中他所使用的社会学的研究方法被称为"拉氏方法"，后来被社会语言学家广泛采用。

之后的社会语言学家，在拉氏方法的基础上，在各地展开了"城市方言"的语言变异研究，其中比较著名的研究有甘柏兹（Gumperz）和他的合作人，他们在挪威北部的一个小城镇，研究当地人转换使用标准挪威语（B）和方言（R）所体现的社会意义（1972 年）；兰伯特（Lambert）和他的助手们在加拿大的双语地区蒙特利尔市首次采用配对变语法研究当地人对加拿大法语和英语的语言态度（1972 年）；英国的特鲁吉尔（Trudgill）在诺里奇市所做的《性别、潜在声望和诺里奇市英国英语的变化》（1972 年）研究；米尔罗伊（Milroy）利用社会网络调查贝尔法斯特市三个穷困地区居民的语言变异状况（1980 年）；盖尔（Susan Gal）对奥地利东部奥布瓦特镇（Oberwart）使用双语情况进行了调查研究，指出"语言的变迁与社会经济的发展、说话人的追求有着密切的联系。"① 格鲁斯让（Grosjean）1982年在美国所做的双语现象研究；帕普拉克（Poplack）对纽约市哈莱姆区波多黎各移民的双语谈话进行录音并做定量分析，提出了基于变异理论的语言接触理论（1993 年）；加拿大语言学家钱伯斯（Chambers）在安大略省南部调查了 12 岁的少年对英语字母 Z 的发音，发现这是一个年龄级差现象（1995 年）；埃克特（Eckert）在美国底特律市郊贝尔顿中学（Belton High）所做的实践共同体研究，继承了拉波夫变异研究的传统，但她对性别、阶层等社会范畴与语言变项相关性的研究更具体、更细致。

诸多西方社会语言学家做了大量有意义和有价值的语言变异研究，创造了许多经典的研究方法和范式，找到了一套行之有效的研究正在变化的语言的方法和理论，奠定了社会语言学研究的理论框架。

----

① 祝畹瑾：《社会语言学概论》，湖南教育出版社 1992 年版，第 137 页。

2. 国内研究现状

中国的社会语言学家们借鉴西方社会语言学的研究方法和理论，来研究中国社会中的语言问题，取得了可喜的研究成果。特别是近些年来，中国的城市化进程进入了加速发展的时期，城市是社会发展的一个缩影，而社会发展必然带来语言的发展变化，各种语言问题也日益凸显，这正是研究语言与社会共变关系的绝好时机。因此，"一批中国社会语言学家适时地将研究目光投向了城市化进程中的语言，运用社会语言学的相关理论和方法进行系统的调查和分析，由此产生了'城市语言调查'这一新的研究方向。"①

2003 年 6 月，南京大学成立了专门的社会语言学实验室，同时召开了"首届城市语言调查专题报告会"。2006 年全国哲学社会科学规划办首次将城市语言调查列为语言学重点研究方向之一。城市语言调查利用西方成熟的一套语言调查理论和方法，结合中国的语言现实，调查研究中国社会城市化进程中的语言演变情况，发现新的言语社区和新的语言变体的形成过程。

由于紧密联系国内社会实际，城市语言调查短短数年就取得了丰硕的研究成果。概括而言，表现在：

第一，从调查地域看，其调查研究涉及的地域包括北京、天津、上海、南京、安徽、广州、新疆、香港、澳门、台湾等城市和地区，调查点普遍具备典型的社会结构特征和地域代表性。例如，夏历的《在京农民工语言状况研究》（2007 年）、顾晓徽和刘玉珍的《天津方音变化的社会语言学分析》（2003 年）、吴翠琴的《上海市"问路"调查》（2008 年）、葛燕红的《南京市"小姐"称呼语调查分析》（2005 年）、王玲和徐大明的《合肥科学岛言语社区调查》（2009 年）、付义荣的《言语社区和语言变化研究：基于安徽傅村的社会语言学调查》（2011 年）、徐俊砚的《新兴工业区的语言状况——以克拉玛依为个案》（2008 年）、高一虹，苏新春和周雷的《回归前香港、北京、广州的语言态度》（1998 年）、邬美丽和熊南京的《台湾原

---

① 徐大明、王玲：《城市语言调查》，《浙江大学学报》（人文社会科学版）2010 年第 6 期。

住民语言能力及语言使用状况调查研究》（2013 年）等。

第二，从调查研究的内容看，主要集中在以下几个领域:①

（1）对地方普通话的研究。随着中国城市化的进程，标准普通话与地方方言接触产生了标准普通话的地方变体——地方普通话，这一概念是由陈建民先生在《中国语言与中国社会》中首次提出的。随之，一批专家、学者，诸如汤志祥、肖峥（2007 年），吴翠琴（2008 年），郭骏（2009 年），俞玮奇（2010 年），劲松，牛芳（2010 年）等，致力于对地方普通话的描写，分析其形成的原因、条件及过程，并从地方普通话的使用状况，方言及普通话的地位，说话者的双语交际能力及其对普通话及方言的态度等多个角度进行深层次地分析，并在研究中为普通话推广以及濒危方言土语的保护等社会课题提供了大量的数据支持和理论依据。

（2）语言本体与社会的共变关系研究。中国城市化的进程必然带来社会结构的改变，而社会结构的改变必然促使语言系统发生变化，那么语言与社会两者是如何实现共变的？其共变的规律又是怎样的？顾晓徽、刘玉珍（2001 年），齐沪扬（2001 年），郭骏（2005 年），葛燕红（2005 年）等学者做了有益的尝试。他们以某个语言要素为主体，以城市为单位，通过对真实交际环境中所使用语言的调查和分析，寻找语言结构和语言要素与城市中社会要素的共变关系，以此来探讨语言的社会功能，同时也进一步深化了语言本体研究。

（3）针对城市化进程中一些特殊族群进行的语言调查。城市的迅猛发展必然带来人口的规模化流动，使城市的人口结构发生变化，进而形成城市化进程中特有的社会族群。他们的语言使用状况能够直接反映出社会变化对语言生活的影响。例如，夏历（2007 年），刘玉屏（2010 年）等以农民工为调查对象，分析不同城市中农民工语言使用状况、语言变异和对原有方言、所在城市方言及普通话的不同态度，进而探讨城市化进程中这一族群的

---

① 董洪杰、李琼、高晓华：《社会语言学研究的新视角：城市语言调查》，《西安文理学院学报》（社会科学版）2011 年第 1 期。

语言与身份认同。城市化进程催生的另外一个特殊族群就是城市中的少数民族群体，包括城市中聚居的少数民族居民以及进入城市学习的少数民族学生。戴庆厦、邓佑玲（2001 年）、邬美丽（2007 年）等对不同城市里少数民族群体的语言状况进行调查，分析他们的母语使用能力，语言交际中的双语现象及语码转换，交际者自身语言观念的转变，并从民族特点、语言接触、社会发展等不同角度，探讨相应语言现象的成因，为少数民族语言的保护、民族关系的和谐和民族发展等重大课题提供有价值的参考。

（4）针对城市中特别言语社区进行的语言调查。随着城市规模的不断扩大和城市现代化建设的加剧，城市里出现了大量的新兴工业区和高新技术开发区。在这样的区域内部，由于人口迁徙、社会发展等多方面的影响，其语言使用状况呈现出复杂的局面。近年来，不同学者针对不同城市的此类言语社区的语言使用状况展开调查研究，例如齐沪扬、王敏敏（1999 年）等对上海浦东新区的语言使用情况的调查；杨晋毅（1999 年，2001 年）对中国新兴工业区语言状态的研究；曹琴（2006 年）对东莞工业区外来人口的语言态度研究，徐俊砚（2008 年）对新疆克拉玛依新兴工业区的语言状况的研究；王玲、徐大明（2009 年）对合肥科学岛的言语社区的调查研究等。他们从微观和宏观等不同层面调查了这些言语社区的语言生活状况、语言变异和语言态度，进一步说明了现实中城市语言使用的异质性和复杂性。

（5）针对城市中语言接触的研究。在我国城市化的加速发展期，标准语即普通话对城市语言生活的影响越来越大，同时外来人口的涌入也带来了他们当地的方言。各种语言或方言混杂交织在一起，对人们的生活产生了巨大的影响，各种语言或方言的地位也发生了微妙的变化。那么，各种语言或方言的接触过程中引起了怎样的语言变化？人们对各种语言或方言的态度有何差异？我国的学者对此也进行了有益的探索。薛才德的《上海市民语言生活状况调查》从语言习得、语言使用和语言态度等方面着手，发现上海市民在日常生活中普遍使用上海话和普通话，有部分市民从小就习得上海话和普通话，有将近一半的市民能听懂三种或三种以上的方言，其中 20% 多的市民能说三种或三种以上的方言；在公共场所上海话占据优势，在家庭场合，上海话虽然仍占据着优势，但普通话也有一定的活动空间；仅从市民调查问卷分析，目前上海话的地位应该说是比较稳固的，但联系学生问卷分析，普通话正在大中学生的口语中逐步取代上海话，并且有加速发展的趋势。雷红波的《上海新移民的语言社会学调查》则分析上海大量新移民的语言使用情况，描述当前城市背景下移民的语言选择模式、语言习得、语言能力、语言态度等相关问题。①

（6）针对城市中语言文字使用进行的研究。在对城市语言的调查研究中，规范文字的使用，国家语言政策和规划的实施，大众对语言政策的认识和态度，以及城市规划中路牌、指示牌、店名、街道名、旅游景区的语言规范等也是其重要的组成部分，很多学者的研究围绕这些问题展开，例如王培光的《社会语言环境与语言规划的六个方向——以香港的语言环境为例》（2004 年），郑梦娟的《当代商业店名的社会语言学分析》（2006 年），"中国语言生活状况报告"课题组的《民航语言文字使用状况》（2007 年）、《北京奥林匹克运动会语言环境建设新进展》（2007 年）和《上海世界博览会语言环境建设状况》（2007 年）等。

此外，还有很多学者关注海外华人社团的语言生活，例如，陈松岑、徐大明、谭慧敏的《新加坡华人语言使用情况和语言态度的调查与分析》（1997 年）、徐大明的《新加坡华社双语调查——变项规则分析法在宏观社会语言学中的应用》（1999 年）、郭熙的《马来西亚槟城华人社会的语言生活》（2003 年）、于善江的《奥克兰华人日常对话中的语言选择》、② 张东波和李柳的《社会心理因素与美国华人社团的语言维护和变迁》（2010 年）等。

（三）研究的意义

在城市化加速发展期，城中村作为城市化进程的产物，操着各种方言的

---

① 祝畹瑾：《新编社会语言学概论》，北京大学出版社 2013 年版，第 87 页。
② 徐大明主编：《中国社会语言学新视角——第三届中国社会语言学国际学术研讨会论文集》，南京大学出版社 2007 年版。

人混居于此，语言矛盾空前凸显，语言使用状况空前复杂，这正是观察研究语言与社会共变关系的绝佳时机。

因此，本次研究的目的就在于深入研究城市化进程中的产物——西安市城中村的语言使用状况，包括城中村居民的语言使用、语言能力、语言态度和语言变化趋势。作为典型言语社区的城中村，居住其中的居民成分复杂，但大体可以分为本地居民和外来人员两大类，这两类人群大多都是操家乡话和普通话两种语言变体的双言者。本次研究分别针对这两类人群的语言使用、语言能力、语言态度和语言变化趋势进行深入研究，探寻两类人群和谐共生的语言使用模式，以及这两类人群的语言能力，主要是普通话能力，以及他们对自己家乡话和普通话的语言态度，并寻找影响他们语言使用、语言能力和语言态度的诸多社会因素。最后，通过研究城中村居民正在进行中的语言变化，最终预测出本地居民和外来人员未来的语言变化趋势。

研究动态的语言变化是社会语言学的旨趣所在，通过本次的调查研究捕捉目前中国迅猛的城市化进程中的语言正在进行中的变化和演变情况，进一步深入了解异质有序的语言变异现象、了解言语社区的形成过程、丰富语言接触和语言态度理论、预测未来的语言发展趋势，并寻找语言变化与社会发展变化的共变关系，进一步认清开放性社会中日益复杂的社会语言问题，进而为新时代背景下的语言规划和语言政策的制定提供科学的依据，这正是本书研究的意义所在。

二、研究的理论依据

（一）语言变异与变化理论

语言不是一成不变的，它总是处在不断地变化中，因此语言的变异性（variability）是语言的一个基本特性。早在历史比较语言学时期，人们就注意到了语言的变化，不过那时的语言学家致力于根据语音的规则变化，利用历史比较法发现语言之间的亲属关系并构拟亲属语言的原始母语（proto-language）。

20 世纪索绪尔及其后的结构主义语言学，把语言视为一个自足的同质系统，语言是由语言要素根据聚合和组合关系构成的符号系统，结构主义语言学的任务就是描写语言的共时结构，而不考虑变化的因素。索绪尔认为，"语言是一个系统，它的任何部分都可以而且应该从它们共时的连带关系方面加以考虑。变化永远不会涉及整个系统，而只涉及它的这个或那个要素，只能在系统之外进行研究。"① 另一个结构主义的代表人物布龙菲尔德（Bloomfield）也认为，"语言演变的过程是从来不能直接观察的；我们将会看出，纵使我们现在有了许多便利条件，这种观察还是难以想象的。"② 后来乔姆斯基（Chomsky）的转换生成语言学更是构拟了一个理想的说话人，假设他说出来的话都是符合语法和合乎逻辑的，语言学家的研究对象是这些理想的话语。

实际上，这样一个假想的理想化的人是不存在的，因为一个人说话不可能一成不变，他会在不同的场合跟不同的人说不一样的话，他也可能说出不符合语法的句子，但却并不影响交际。更不用说，不同的人，即便他们说同一种语言，他们对语言的使用也是有差异的，包括语音、词汇、语法在内的语言要素都不会完全一致，同一语言的使用也有地区的差异、年龄的差异、性别的差异等，这就是语言的变异。美国的语言学家萨丕尔（Sapir）早就说过："谁都知道语言是可变的。即使是同一代、同一地、说一模一样的方言、在同一社会圈子里活动的两个人，他们的说话习惯也永远不会是雷同的。"③

事实上，任何语言都不可能是完全同质的，语言更多地表现出来的是它的异质性。但异质的语言并不是没有规律可循的，当语言的变异与一定的社会因素结合，这些变异就变得有序了，因此社会语言学秉承着"异质有序"

① ［瑞士］费尔迪南·德·索绪尔：《普通语言学教程》，高明凯译，商务印书馆 1980 年版，第 145 页。
② ［美］布龙菲尔德：《语言论》，袁家骅译，商务印书馆 1980 年版，第 432 页。
③ ［美］爱德华·萨丕尔：《语言论》，陆卓元译，商务印书馆 1985 年版，第 132 页。

的语言观，研究语言变异，并尝试从共时的语言变异现象中发掘历时的语言变化规律，进而预测语言发展的未来趋势。因此，对语言变异的研究一直是社会语言学的核心内容，一大批社会语言学家，形成一个以拉波夫为学派领袖的"变异学派"。变异学派不仅以语言变异作为首要研究对象，而且发展了一整套调查言语社区，搜集语言素材以及进行定量分析的研究方法。①

为了便于研究语言的变异，社会语言学家拉波夫首创了语言变项（Linguistic Variable）和语言变式（Linguistic Variant）这两个概念。如果某一个语言单位具有一些不同的表现形式，那么这一个语言单位就是一个语言变项，而那些不同的具体的表现形式就是语言变式。"语言变项"与"语言变式"是一组概念，一个"语言变项"由一组"语言变式"构成；两个以上的"语言变式"才能构成一个"语言变项"。② 例如，在纽约英语中，thing和 three 等词中的 th 可以说成［θ］、［tθ］或［t］这二个音（W. Labov. 1966），这三个音就是语言变项（th）的三个语言变式。当然，除了社会语言学研究最多的语音变项外，词汇和语法也有变项。例如，布朗（Roger Brown）和吉尔曼（Albert Gilman）关于法语第二人称代词 T（tu）和 V（vos）的研究，T 和 V 是法语第二人称代词这个语言变项的两个语言变式，其中的 T 是"亲密的"（familiar）形式，而"V"则是"礼貌的"（polite）形式，它们各有自己的使用场合。③

社会语言学针对语言变项所做的研究都建立在实证研究的基础之上，它借鉴了社会学、统计学的研究方法，这也是社会语言学区别于传统语言学的重要特征，其主要研究方法有：

（1）抽样调查。一般来说，社会语言学的研究都是在特定的言语社区范围内进行的，在选定言语社区与语言变项之后，就要在庞大的社区人群中进行多人次抽样，这也是社会语言学与传统方言学的调查、收集语料方面的一

---

① 徐大明：《社会语言学研究》，上海人民出版社 2007 年版，第 120 页。
② 徐大明：《语言变异与变化》，上海教育出版社 2006 年版，第 4 页。
③ R. Wardhaugh, *An Introduction to Sociolinguistics*, Peking：Foreign Language Teaching and Research Press, 2000, p. 255.

个很大的区别。所谓抽样调查，就是按照一定的计算方法，从研究对象的总体中按照随机的原则抽取一部分进行调查，以达到认识全部研究对象的目的。

抽样分为随机（probability）抽样和非随机（non-probability）抽样两种。随机抽样又可分为：简单随机抽样、分层抽样、整群抽样等。非随机抽样又称非概率抽样或立意抽样，指的是按照调查人员的主观意图或取样的方便，从总体中抽取一部分单位作为样本。常用的非随机抽样方式有偶遇抽样、雪球抽样、判断抽样等。

（2）收集语料。语言材料是社会语言学研究的基础。由于社会语言学研究需要以自然状态下的语言材料为基础，所以开展调查工作最主要的目的就是要获得大量的自然语料；而要达到这个目标就必须克服拉波夫所提出的"观察者的矛盾"（observer's paradox）——系统地观察讲话人在不被观察时讲话的情形。① 因此社会语言学收集语料的方法都是围绕这个目标而不断发展完善的。目前社会语言学常用的比较成熟的收集语料的方法有：访谈法、观察法和问卷法。

（3）定量研究与定性研究的结合。社会语言学注重定量研究和分析，主要是出于两方面的原因。一方面，社会语言学要研究语言变项和社会变项的关系，用数理统计的方法更能说明两者的相关性。用定量分析来研究相关性也是一般科学的方法。另一方面，社会语言学要求多人次地调查语言变项，调查所得的大量资料只有通过数量化、概率统计、定量分析才能说明问题。②

社会语言学在注重定量研究的同时，也注意与定性研究相结合。定量研究侧重于对事物的测量和计算，是对所研究对象进行"量"的分析；而定性研究则侧重于对事物的本质、特征及其联系的描述和理解，是对所研究对象进行"质"的分析。③ 因此，社会语言学的研究方法是"量"与"质"的结

---

① W. Labov, *Language in the Inner City*: *Studies in the Black English Vernacular*, Philadelphia: University of Pennsylvania Press, 1972, p. 61.
② 游汝杰、邹嘉彦：《社会语言学教程》，复旦大学出版社 2004 年版，第 15 页。
③ 郭骏：《方言变异与变化：溧水街上话的调查研究》，北京大学出版社 2009 年版，第 20 页。

合，在用数字和量度分析的基础上，透过现象看本质，力图找出语言变项与社会变项之间内在的、本质的联系，并总结归纳出两者的相关性。

（二）显像时间、真实时间与年龄级差

语言学家过去曾认为语言变化是不可能被直接观察到的，只有对比了一种语言不同历史时期的两种状态之后才能发现哪些部分产生了变化。现在社会语言学家通过对语言变异的研究，发现语言的历时变化就产生并体现在语言的共时变异之中。所以，以拉波夫为先驱，语言学家开始了对"进行中的变化"（changes in progress）的研究。

1963 年，拉波夫对马萨葡萄园岛的语音变化的研究可谓是第一个对进行中的语言变化的研究。拉波夫用研究语言变异的方法，调查了 69 名能够代表当地不同地区、职业、民族和年龄人口的居民。从这些被调查的人那里收集到的语言材料中，拉波夫进行了定量分析，结果发现在 right、wife、house、out 等词中元音的变异情况显示出一个正在进行中的语音变化——在马岛人的发音中，上述类型的词汇中当代英语一般发作前低元音的成分产生了央化的趋势。尽管这些词央化的和无央化的发音在当地人的话语中都存在，但是两类发音出现的比例与不同的年龄组有关。因此，研究进行中的语言变化主要就是通过发现这种表现在年龄段上的变异分布趋势来进行的。但是要确定是否真正有变化在进行中，还要联系一系列相关因素进行综合论证，特别是要寻找语言历史上确定存在的有关证据，以确定一个较长时期中的语言发展总趋势。拉波夫称这种利用年龄段变异分布方法所进行的对语言变化的共时研究为"显像时间"（apparent time）的研究，以对应从不同的时间获取语言材料的"真实时间"（real time）的研究。一个比较全面的做法就是将显像时间和真实时间两方面的证据结合起来进行分析。①

所谓"真实时间"的语言变化研究就是先调查一个言语社区，10 年、20

① 徐大明、陶红印、谢天蔚：《当代社会语言学》，中国社会科学出版社 2012 年版，第 109—110 页。

年或更长时间后再回到该言语社区进行重新调查，通过比较不同时间内获得的语言材料以了解言语社区正在发生怎样的语言变化。这是研究进行中的语言变化的最好方式，但也是过于理想化的方式，实际操作起来却有诸多困难。首先，你必须等上若干年才能实施一次这样的调查；其次，为了保证语料的可比性，一般还得调查同样的被试者，但若干年后，他们中的一些人不可避免地总会有所变化，比如有的已经离开，有的不愿意再接受这样的调查，有的已经亡故等，可以说太多的不确定因素使得几乎不可能复制若干年前的调查。①

　　鉴于上述原因，"真实时间"的语言变化研究很难进行，大多数的语言变化研究还得依靠"显像时间"研究，也就是通过同一言语社区内的不同年龄段的人群在使用某个语言变项时所表现出来的差异，研究正在进行中的语言变化。不过通过"显像时间"研究进行中的变化要十分小心，因为一种语言形式和年龄的共变趋势也可能是"年龄级差"的现象，而不是一个语言变体真正在经历着的语言变化。

　　显像时间变异必须与年龄级差变异区分开来。显像时间变异所反映的是体现在几代人的言语特点上的一个语言变体的发展趋势。一种新的变式的使用频率越来越高，预示着下一代人将会更普遍地使用和接受它。年龄级差变异则是一种较为稳定的社会变异，体现在一代人在不同年龄阶段对某些语言变式的使用所产生的变化。如表示"好"，北京人中 30—50 岁之间的中年人说"棒"的很多，30 岁以下的青少年说"盖"的很多。② 还有胡明扬先生 1987 年调查的北京"女国音"（一种把舌面辅音 [tɕ，tɕ'，ɕ] 的发音部位往前移，发成一种近似于 [ts，ts'，s] 的音）现象，他认为和年龄密切相关，"女国音"基本上是和青春期共始终的，但是在不同的社会条件下，开始和终止的具体年龄有差异。大多数女性结婚后，"女国音"现象也就消失了。③ 年龄级差的语言变异一般在一段历史时期内保持稳定，也就是

---

① J. K. Chamber, P. Trudgill, *Dialectology*, Peking：Peking University Press, 2002, pp. 149–151.

② 胡明扬：《北京话初探》，商务印书馆 1987 年版，第 51—59 页。

③ 胡明扬：《北京话"女国音"调查》，《语文建设》1988 年第 1 期。

说在这段较长的时期内，每一代人都重复同样的变化过程。虽然言语社区的成员的语言随着年龄增长而产生了变化，社区作为一个整体并没有扩展对有关的变式的使用和认可。①

（三）言语社区理论

言语社区理论是当代社会语言学的重要理论，但是目前还没有得到充分发展。因此徐大明先生预言："言语社区理论一旦全面、成熟地发展起来，必然成为社会语言学的核心理论，而且会在普通语言学理论中取得重要地位。"②

之所以敢下这样的断言，徐大明先生是基于两方面的观察：（1）尽管在具体的研究对象和研究方法上，社会语言学领域存在着不同的流派，但是社会语言学家们的一个共同的观点或默契——语言学的首要研究对象，语言调查的基本单位，就是言语社区。（2）尽管在语言哲学和其他许多方面，社会语言学和某些主要从事形式语法研究的语言学家存在着分歧，在实践上双方却都将言语社区作为描写单位；社会语言学家强调社区内部结构的复杂性，指出科学抽样方法的必要性；形式语言学家则将个别讲话人等同于言语社区的典型代表。因此，从某种意义上来说，自觉或不自觉地，所有的语言学家都在用比较精密或比较粗糙的方法，来研究言语社区。③

1. 言语社区的定义

什么是言语社区（speech community）？一直以来语言学家们对此争论不休，英国学者莱昂斯给言语社区下的定义是"言语社区：使用某一特定语言（或方言）的全体人员。"④ 之后，布龙菲尔德在其著作《语言论》中谈

---

① 徐大明、陶红印、谢天蔚：《当代社会语言学》，中国社会科学出版社 2012 年版，第 123 页。
② 徐大明：《社会语言学研究》，上海人民出版社 2007 年版，第 254 页。
③ 徐大明、陶红印、谢天蔚：《当代社会语言学》，中国社会科学出版社 2012 年版，第 220 页。
④ J. Lyons.(ed.), *New Horizons in Linguistics*, Harmondsworth, England：Penguin Books, 1970, p. 326.

到，一个言语社区就是依靠言语相互交往的一群人。① 他指出言语社区的基础是讲话人之间频繁的交际活动，言语社区的界限是由交际密度的减弱而自然形成的。美国语言学家霍凯特（Hockett）强调"相互交往"的重要性，而且提出了"政治疆界"等影响人们交往的语言外因素。他说："每一种语言都可界定出一个言语社区，即通过共同的语言能直接和间接地相互交往的一群人，并且在多数情况下，言语社区的界限与政治疆界是一致的。"② 从早期的言语社区的定义可以看出一个共同点，即主要凭借人们说的语言（或方言）来界定言语社区，只要人们说的是同一种语言（或方言），那么他们就属于同一个言语社区，其本质是"以语定区"。

注重交际互动的美国社会语言学家甘柏兹（Gumperz）认为，一个言语社区不一定是单语的，也可以是双语甚至是多语的。基于这样的考虑，甘柏兹使用了一个新术语"语言社区"（linguistic community），并对该术语进行了这样的界定："我们将语言社区界定为一个社会群体，该群体可以是单语或多语的，它通过频繁的社会互动集聚在一起，并由于交际线的衰退而与周边地区区别开来。"③ 在甘柏兹看来，把各言语社区区别开来的最重要因素是"互动"而不是语言方面的特征，这也就彻底否定了过去"以语定区"的做法。④

拉波夫的纽约市英语调查及随后的语言变异和变化的研究，又将言语社区的研究推向一个新阶段。在拉波夫对言语社区的定义中，他更多地强调人们对语言变异的态度和评价的一致性，人们对语言变异的共同评价以及由此形成的共同规范和社区成员言语行为的有序性成了言语社区同一性的标志。

关于言语社区的争议并未就此停止，与其他人相比，美国学者海姆斯

---

① ［美］布龙菲尔德：《语言论》，袁家骅译，商务印书馆1980年版，第45页。
② ［美］霍凯特：《现代语言学教程》，索振羽、叶蜚声译，北京大学出版社2002年版，第7页。
③ J. J. Gumperz, *Language in Social Groups*, Stanford：Stanford University Press，1971，p. 101.
④ 付义荣：《言语社区和语言变化研究：基于安徽傅村的社会语言学调查》，北京大学出版社2011年版，第14页。

（Hymes）则更多地关注言语社区的社会性，他明确地提出，对言语社区的界定应借鉴社会学的研究成果。

那么社会学眼中的"社区"是什么概念呢？一般认为，社会学中的"社区"概念是由德国社会学家滕尼斯（Tendinanel Tonnies）最早提出来的，他在 1887 年出版了一本德文著作，英文版译为"Community and Society"。20 世纪 30 年代初，我国著名社会学家费孝通在翻译该著作英文版的 community 一词时，根据滕尼斯的原义首创了中文术语"社区"。而我们社会语言学的"言语社区"与社会学的"社区"显然是从同一个英文词 community 翻译过来的，因此借鉴社会学的关于"社区"的定义是完全可以的。

但问题是，社会学中"社区"的定义也是众说纷纭，目前较为全面的定义是徐永祥在《社区发展论》（2000 年）中给"社区"所下的定义："所谓社区，是指由一定数量居民组成的、具有内在互动关系与文化维系力的地域性的生活共同体；地域、人口、组织结构和文化是社区构成的基本要素。"[①]"社区"毕竟是社会学的概念，虽然"言语社区"来源于"社区"，但绝不能完全等同于"社区"。"言语社区"是社会语言学的概念，与社会学不同，社会语言学无论如何是要研究语言的，因此社会语言学的"言语社区"是兼顾社会与语言的标准，正如徐大明先生（2004 年）所说的，"'言语社区'是一种符合社会学定义的社区，同时又是一种具有语言特性的社区。"因此，"言语社区是一个地理区域内的人群，一般也是一个社会经济单位；所有参加有关社会经济活动的人员，彼此之间自然会保持频繁的互动。可以想见，这些互动最主要的就是言语互动。"除了地域、人口、互动这三要素之外，言语社区还反映出其他社区性质，如认同和归属意识，这也是言语社区的重要特征之一。另外，一个言语社区所拥有的语言、解决言语问题的途径和方法、有关的语言权威机构、语言典籍、成文的标准、舆论的压力等都构成了该言语社区的共同财产和设施。最后，徐大明先生总结了

---

① 徐永祥：《社区发展论》，华东理工大学出版社 2000 年版，第 33—34 页。

"人口、地域、互动、认同、设施"这五个言语社区构成的要素。①

至此，我们似乎还没有得到一个完整的"言语社区"的定义，言语社区的确定的确具有一定的难度，因为它的标准都是相对的，并没有绝对的标准或规定，甘柏兹也建议："我想我们应该把言语社区看成一个开放的概念。"② 这也许不无好处，使研究者能在一个相对宽泛的领域展开调查研究，但也不能无限制地扩大，这样容易造成研究内容无意义的重复，也容易与别的研究内容混淆不清，失去自身的价值。因此，言语社区的研究只要是符合其要素和特征，都是可取的。

2. 言语社区的特征

按照徐大明先生的"社区第一、语言第二"的原则，我们应当先确立社区，然后在"区中找语"。确立社区的首要因素是地域，它是人口、组织结构、文化等要素存在的物质基础。有了地域，社区便有了一定的边界，这不仅使社区之间能够互相区别，也使社区概念能够区别于政治性社群、职业性社群、儿童社群、性别社群等跨区域的群体。然而，确定社区的边界是一个比较困难的问题。在社会学研究中，村庄、小城镇、街道、城市的市区或郊区、大都市等，这些规模不等的社会共同体都曾被当作一个社区。但是，无论社区研究，还是言语社区研究，都是一种实证经验的研究，囿于人力、物力和技术条件等的限制，不可能把社区的地域范围定得太大。此外，相对于整个社会，一个社区好比一个样本，只要具有代表性，就没有必要把范围定得太大。所以，在社会学中，对于社区的地域范围一般坚持一个总的原则，即社区的地域范围没有严格的限制，根据研究的实际需要可大可小，但不宜太大。③

从甘柏兹和拉波夫开始，人们认识到言语社区的社会心理基础。人们组成一个言语社区不仅仅是因为他们具有一定程度上的相似语言表现，更重要的是，他们具有基本一致的语言态度。他们对某种语言有一种认同心理。根

---

① 徐大明：《社会语言学研究》，上海人民出版社 2007 年版，第 258—260 页。
② 高海洋：《甘柏兹教授谈社会语言学》，《语言教学与研究》2003 年第 1 期。
③ 黎熙元：《现代社区概论》，中山大学出版社 1998 年版，第 7 页。

据拉波夫的纽约调查，虽然各阶层元音后卷舌发音的具体表现各不相同，但他们的语言态度是相同的：较高比例的卷舌发音具有较高的社会声望，因此对这些语言变项的社会评价表现出言语社区的同一性。

除了语言使用规范和语言态度的一致性之外，言语社区理论的另一个重要组成部分是社区内部结构的有序性。言语社区内部是有结构的，每一社区成员都有他相对于其他成员的地位。社区是一个社会组织，社区成员之间具有一定的社会关系。这些社会关系在语言上的体现就是语言变异的社会分化及其社会评价。

言语社区是社会化言语互动的产物。人类的社会交际活动是实实在在的实践活动，呈现高度的协调性和组织性。因此，言语社区应该是可观察、可度量的实体。其具体性和可限定性应该比它的派生物——语言变体的具体形式有更客观的衡量标准。

从定量研究的角度看，一个言语社区，作为一个有形可见的物质性活动范围和一个具有心理现实的"自然交际聚合体"（Natural Communicative Concentration），可以由一系列定量指标的组合来限定。这些指标可以包括交际密度指标，沟通度指标，主观认同指标，交际规范同一性指标，等等。这些指标的操作化过程必然又是富有挑战性的研究课题。①

三、研究的对象

（一）西安市城中村概述

1. 城中村的概念

城中村是指伴随城市郊区化、产业分散化以及乡村城市化的迅猛发展，为城市建设用地包围或纳入城市建设用地范围的原有农村聚落，是乡村向城市转型不完全的、具有明显城乡二元结构的地域实体。简言之，城中村是指

---

① 徐大明：《当代社会语言学》，中国社会科学出版社 2012 年版，第 226 页。

城市建成区或发展用地范围内处于城乡转型中的农民社区，内涵是"市民城市社会中的农民村"。

　　城中村是中国快速城市化进程中的产物，20 世纪 90 年代中后期，城市蔓延和郊区化进程加速，城市边缘区土地被大量征用。由于要在城中村土地补偿和村民安置方面支付巨额经济成本和社会成本，为规避巨额成本，城市政府选择了绕开村落的迂回发展思路，导致"城中村"在土地利用、建设、景观、规划管理、社区文化等方面表现出强烈的城乡差异及矛盾，影响城市的建设质量和发展秩序，引起城市政府和社会各界的广泛关注。①

　　"城中村"作为城乡二元混合体，同时也是在城市和村落之间存在的"混合社区"。"城中村"的生活方式已经完全城市化了，"村民"们也都居住在市区甚至是中心市区，他们已经完全不再从事或基本上不再从事属于农业范围的职业，甚至他们的户籍也已经全部或绝大部分转为城市户口。那么为什么我们还称他们为"村落"和"村民"呢？

　　"城中村"的村落特征更多地应该归于更深层的城乡差异的体制因素。这些因素可以概括为以下三个方面：一是土地制度的差异。根据法律，城市所有土地的产权归国家所有，而村落土地的产权归村集体所有，在城市化的进程中，国家可以征用作为农民生产资料的农用地，但难以征用作为农民生活资料的宅基地，所有"城中村"嵌入市区的住宅用地和部分村集体房产用地至今还是归村集体所有；二是社会管理制度的差异。根据法律，城市社区由作为基层政府派出机构的"街道办事处"管理，管理的一切费用由政府财政承担，而村落社区则由村民自治组织的"村民委员会"管理，管理的一切费用由村集体承担，这是形成"村落单位制"的一个根本因素；三是与土地制度和管理制度相联系的"村籍"制度。我们容易认为，城市化的主要阻碍是一个户籍制度问题，农民身份的转变就是从农村户籍转为城镇户籍，但"城中村"的"村民"已经由于耕地被征用而几乎全部转为城镇

---

①　闫小培、魏立华、周锐波：《快速城市化地区城乡关系协调研究——以广州市"城中村"改造为例》，《城市规划》2004 年第 3 期。

户籍，但他们仍然保留着"村籍"，对他们来说，"村籍"比"户籍"重要得多。正是因为具有"村籍"，他们同时也是强大的村集体经济的股东，并因此与外来的村宅租客和一般市民在经济地位上有极大的差别，从这一点上来说，他们宁可为"村民"而不愿为"市民"。①

从外部看，城市政府为了规避巨额成本，绕开"城中村"发展城市；从内部看，"城中村"的"村民"为了经济利益的最大化，宁为"村民"不为"市民"，两个方面的因素叠加起来，导致"城中村"作为城市特殊的景观而长久存在，而"城中村"这样一个城市中的"混合社区"也凸显了城市和农村碰撞后所产生的各种经济的、社会的、文化的、语言的冲突等，因此也引起了各界学者包括经济学家、社会学家、语言学家对这一特殊社区的特别关注。

2. 西安市城中村概况

1949 年，西安市城市建成时面积 13.2km²，城区人口 39.76 万；1953—1957 年，西安市城市发展以旧城为中心，向东、西、南三个方向扩展，在东、西郊逐渐形成大范围的工业区和工人住宅区，南郊建设成为文教区，至 1957 年末，城市实有人口 101.3 万；1958—1964 年国民经济调整时期，西安市又增加了东北郊工业区，向东、西扩展了纺织城和三桥工业区，城市范围进一步扩大；1979 年，西安市城市人口、城市用地增长迅速，旧城周围原有农村人均耕地锐减，工农、城乡矛盾突出；20 世纪 90 年代中后期，西安市迎来"产业调整，工业外迁，建新型产业园区"的新形势，新的开发区向高新技术开发区和经济技术开发区集中，随着各级环路的建成，工业区外迁到城市边缘区而形成新的生长点。西安城市化进程最明显的特征之一是城市自身的近域推进和广域扩展，反映到城市地域结构上，则是变化最大也最迅速的城市边缘区，由于其优越的区位，位于城市边缘的城乡交接地带村庄，历来是城市建设中最有活力的地区。②

---

① 李培林：《巨变：村落的终结——都市里的村庄研究》，《中国社会科学》2002 年第 1 期。
② 宇文娜、李志民、沈莹：《城中村居住形态的现状研究》，《西安建筑科技大学学报》（自然科学版）2008 年第 6 期。

　　这些早期城乡交接地带的村庄，在城市扩张以后就以"城中村"的形式长久地保留下来。据西安市建设委员会网站资料，西安市目前共有"城中村"457个，其中二环以内41个，二、三环之间320个，三环以外96个，涉及改造、拆迁、安置的村民达47.3万人，占地面积100km²。其中由于城市建设的需要，耕地被大量征用，已经基本上没有或者完全没有耕地的"城中村"就有90多个。①

　　西安市"城中村"村民的收入情况因各村的整体状况不同而有所差异，村民收入的来源有村集体分红、出租屋房租、个体经营、外出务工等几个方面，其中出租屋房租是城中村村民收入来源的主要途径。西安市城市经济的发展，吸引了大量的外来人口涌入西安就业，由于城市住房租金较高并且管理规范，大部分外来人口选择租金较低、管理松弛并且交通方便、接近工作地的地点居住。这些外来人口对价格低廉的出租屋有旺盛的需求，所以，城中村成了出租屋的主要供应者，从而形成了独特的"出租屋经济"。

　　城中村低廉的房租和独特的地理位置吸引了大量的租客，特别是从外地来西安的外来务工人员，他们普遍由于文化程度不高，没有一技之长，靠打零工和做小生意谋生，因此城中村低廉的房租对他们有很强的吸引力，加之城中村人口密度大，给他们做小生意也创造了一定的条件。这样城中村村民为了追求经济利益的最大化，房屋越盖越高，租金也就越来越便宜，这样也就越能吸引低收入的外来务工人员入住，外来务工人员住得越多，城中村的小生意越兴旺，这样形成了一个相互依存的循环圈，城中村的人口也就越聚越多，人口结构也日益复杂，除了"村民"和外来务工人员，也吸引了一些刚刚大学毕业的学生，他们通常是外地户口，由于准备在西安找工作或刚刚找到工作，工资不高，城中村低廉的房租和方便的交通也吸引了他们，还有一些刚毕业的外地大学生是准备考研的，他们没有工作，靠父母工资养活，自然房租越低越有吸引力。但这些大学毕业生毕竟具有高学历和一技之长，他们通常在城中村只是过渡性地租住，有的找到工作就搬离了，有的考

---

① http：//www. xajw. gov. cn.

上了研究生搬走了，有的随着工资的提升搬到居住条件较好的居民区了，因此，长期在城中村居住的是"村民"和外来务工人员，村民们通常住在第二层，第一层作为门面房出租或自己做生意，其他层的房间则用来出租。往往招租的租客远比自己家的人口多，因此城中村的人口比例，大概外来人口是本村村民人口的十几、二十倍。

（二）研究对象的选择

西安市城中村分布广泛，本书在北到草滩镇，西到三桥镇，南到长延堡街道办，东到十里铺街道办的城市建成区内，共选取了肖家村、二府庄、西桃园村、鱼化寨、沙井村、八里村、杨家村、北山门口村、韩森寨、乐居场、长乐村11个典型城中村进行了普遍的调查，结果发现，城中村的人口结构、生活方式、生存状态、社会交往等都大同小异，最后选取了笔者比较熟悉的北山门口村作为此次深入调查的重点。

据村委会介绍，约3500年前，北山门口村一带就有了人类的生产活动。隋开皇二年（公元582年），宇文恺营建新都大兴城，选址于今大雁塔和小寨街办辖区全部，以及长延堡、电子城、丈八沟等部分区域，自此奠定了北山门口村的基础。北山门口村原名北三门口村，因属唐长安外廓城南自东向西第三道城门"安化门"旧址而得名。唐开元二十五年（公元737年），唐玄宗为追封的贞顺武皇后立庙于明德门内义安坊，定名贞顺武皇后庙，其址在今北山门口村。其后，在宋、明、清、民国时代印制的地图中均现北三（山）门口村。

据传，唐朝时期先后有八任将官驻扎安化门，其家眷均居住于安化门附近，最后形成了八个姓氏的田园，之后岁月更迭、历史变迁，段、冉、马、何四姓趋于没落，逐渐消亡，费、朱、冯、李四姓氏族续传至今。除上述四姓家族外，现今北山门口村尚有26个姓氏，其中孙姓和桑姓是全村目前最大的两个姓氏家族，孙姓约200户，600多人；桑姓近200户，700余人。其他的大户还有：赵姓80余户，200多人；曹姓近70户，100余人；贾姓约70户，100余人；刘姓50多户，近200人；王姓50多户，近200人；唐姓 40 余户，近 100 人。

北山门口村位于西安市雁塔区电子城繁华地带，电子正街将村分为东西两部分，周边住宅小区、商业网点林立，全村的耕地已全部被国家征用，是一个典型的城中村。目前，全村有村民 3581 人，1375 户，13 个村民小组。全村占地面积约 550 亩，共有 46 条街道，出村口 16 处，交通十分便利，村民主要收入来源为私房出租，村内第三产业发达，年人均收入 2.5 万元，村集体积累约 2.8 亿元。①

北山门口村地理位置优越，位于电子城的核心地带，交通便利，生活设施齐全，加之村民有大量的私房，因此吸引了大量的外来人员在此租房居住。据不完全统计，北山门村的外来人口已经达到 7 万—8 万，远远超过了本地居民。北山门口村是一个典型的本地居民和外来人员混杂居住的城中村，因此，选择北山门口村作为调查对象具有一定的代表性，我们能从中"窥一斑而知全貌"，了解城中村的语言使用状况。

四、研究的方法

（一）社会语言学与方言学相结合的研究方法

1. 社会语言学的研究方法

（1）判断抽样

本次研究采用社会语言学判断抽样的研究方法选取调查对象。判断抽样一般是由研究人员根据研究目的和自己的主观分析来选择和确定调查单位，然后根据对调查对象所做出的判断，决定抽取样本的范围、数量和实施方法。要使判断抽样合乎实际情况，关键在于研究人员要有可靠的资料作为依据，而不能只凭个人的经验或知识去判断和选择样本单位。例如，陈松岑于 1984 年调查影响售货员使用礼貌词语的社会因素时就采用了判断抽样。她

---

① 以上资料和数据均由北山门口村村委会提供。

根据不同的所有制会影响到企业员工的服务态度，其中也包括使用礼貌词语，按照所有制的性质把商业分为国营、集体经营和个体经营三大类，然后按照北京市商业网点的布局，选取了东城、西城、宣武、海淀各区商业中心三类不同所有制的百货商店作为抽取样本的范围。①

由于西安市城中村众多，在前期调查研究的基础上，采用社会语言学非随机抽样中的"判断抽样"的方法，选取一个典型的城中村作为重点研究对象。另外，城中村人口结构复杂，数量众多，如果采用随机抽样，势必很难覆盖到不同背景的人口，因此仍然采用判断抽样的方法，在"北山门口村村委会"的协助下，根据登记在册的具有本村村籍的本地居民名册（不包括因为婚姻关系迁入而具有本村村籍的），再依据性别、年龄、文化程度、职业随机勾选了 300 名本地居民，进行入户问卷和访谈调查。最终统计的有效调查问卷为 291 份，有效率 97%。本地居民调查样本见表 1-1。

表 1-1 本地居民调查样本基本信息表

	基本信息	样本数（N=291）	比例（%）
性别	男	110	37.8
	女	181	62.2
年龄	20 岁及以下	22	7.6
	21—30 岁	147	50.5
	31—40 岁	57	19.6
	41 岁及以上	65	22.3
文化程度	小学及以下	28	9.6
	初中	52	17.9
	高中/中专、技校	77	26.46
	大专	70	24.05
	本科及以上	64	21.99

---

① 陈松岑：《语言变异研究》，广东教育出版社 1999 年版，第 106—107 页。

	基本信息	样本数（N=291）	比例（%）
职业	个体商户	80	27.5
	公司职员	47	16.2
	企业工人	8	2.7
	事业单位工作人员	26	8.9
	公务员	5	1.7
	家庭妇女	13	4.5
	没有固定工作	55	18.9
	餐馆/商城服务人员	20	6.9
	其他	37	12.7
经济收入	0—500 元	52	17.9
	501—1000 元	13	4.5
	1001—2000 元	74	25.4
	2001—3000 元	85	29.2
	3001—5000 元	50	17.2
	5000 元以上	17	5.8

外来人员因为没有固定的人员名册，加之流动性很大，所以在进行本地居民问卷和访谈调查的同时，对租住在本地居民家里的租客同时进行外来人员的问卷和访谈调查，在选取外来租客进行调查的时候，注意兼顾不同性别、年龄、来源地及文化程度的外来人员，同样做了 300 人次的问卷和访谈调查。针对外来人员调查的内容较多，除了本地居民的基本信息，还包括来源地及在西安的居住时间，除了调查外来人员在西安的语言使用还有他们在家乡的语言使用情况，最后统计的有效问卷为 217 份，有效率比本地居民低，只有 72.3%。外来人员的调查样本见表 1-2。

表 1-2　外来人员调查样本基本信息表

	背景信息	样本数（N=217）	比例（%）
性别	男	101	46.5%
	女	116	53.5%
年龄	20 岁及以下	13	6.0%
	21—30 岁	107	49.3%
	31—40 岁	45	20.7%
	41 岁及以上	52	24.0%
文化程度	小学及以下	38	17.5%
	初中	65	30.0%
	高中/中专/技校	58	26.7%
	大专	37	17.1%
	本科及以上	19	8.7%
居住时间	2 年及以下	75	34.6%
	3—10 年	115	53.0%
	11 年及以上	27	12.4%
职业	个体商户	107	49.3%
	公司职员	17	7.8%
	保洁人员	3	1.4%
	工厂/建筑工人	5	2.3%
	保安	2	0.9%
	厨师	2	0.9%
	钟点工	0	0.1%
	餐饮服务人员	15	6.9%
	美容美发/导购人员	12	5.5%
	其他	54	24.9%
收入	0—500 元	17	7.8%
	501—1000 元	12	5.5%
	1001—2000 元	51	23.5%
	2001—3000 元	62	28.6%
	3001—5000 元	51	23.5%
	5000 元以上	24	11.1%

　　比较本地居民和外来人员的基本信息，我们发现外来人员的文化程度偏低，初中及高中/中专/技校毕业的分别占到 30.0% 和 26.7%，而大专和本科及以上的只有 17.1% 和 8.7%；本地居民本科及以上毕业的就占到 21.99%，如果加上大专毕业的，一共占到样本总数的 46.04%，也就是说本地居民样本中将近一半的人数具有大专或本科及以上的文化程度。

　　另外，外来人员的收入比预想要高，月收入 5000 元以上的占到 11.1%，超过了本地居民的 5.8%。当然，有这样的情况值得考虑，那就是当测试人员询问本地居民每月的房租收入时，大多数都是含糊其词，不肯明说。可见本地居民所说的收入状况只是表面上能看得到的收入，很可能没有包括出租房屋的收入，所以本地居民的收入应该要比调查表中所体现出来的高。

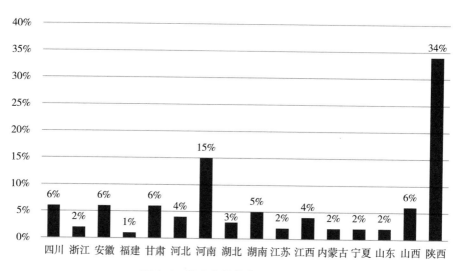

图 1-1　外来人员的来源地分布图

　　再看外来人员的主要来源地，图 1-1 清楚地表明在西安居住的外来人员大多来自陕西本省，占 34%，其次是与陕西省临近的河南省，占 15%，再次是山西、四川、甘肃和安徽，各占 6%。而河南人来陕西是有历史渊源的。1942 年，"水、旱、蝗、汤"四大灾害致使当时拥有 1000 万人的河南省，有 300 万人被饿死，另有 300 万人西出潼关逃亡陕西，在西安城北的北关一带形成了河南人的聚居区，那里通行的方言也是河南话而不是西安话。

因为这样的历史渊源，河南人来西安打工的人数最多便不足为奇。

（2）问卷法和访谈法

选取好调查样本后，利用问卷法和访谈法相结合的方式搜集语料。

问卷法是采用书面形式进行调查的一种方法。这种方法是社会学调查大量采用的一种调查方式，适用于大规模的摸底调查，简便易行，便于统计。问卷法的关键是根据调查内容和目的设计问卷的一系列问题，问题不宜太多，通常以受试者在不超过 30 分钟的时间内完成为宜。此外，问卷还应包含受试者的相关背景信息以便于统计。

访谈法是由调查人员与被调查者进行面对面谈话，有个别交谈和集体交谈两种方式。访谈法的关键在于如何引导受访人说出调查人员所需了解的话语，提供有关语言变体的原始材料。[1] 在访谈中，调查者有时会让讲话人念已经准备好的词表、句子或语段；有时由调查人员提问，让受访者回答问题，从中获取有用的信息和资料；有时调查人员会让受试者做一些测验，比如看图说话、变换句型、填补空缺、听写、翻译、重述测验（repetition test）等。

本次调查针对本地居民和外来人员设计了不同的调查问卷，问卷都分为四个部分，第一部分均为"个人信息"；第二部分为"语言使用问题"，分别调查"本地居民"和"外来人员"在西安的语言使用情况，以及"外来人员"在家乡的语言使用情况；第三部分为"语言能力问题"，重点调查"本地居民"和"外来人员"的普通话能力及熟练程度；第四部分为"语言态度问题"，分别调查"本地居民"和"外来人员"对普通话和家乡话的态度及评价，以及"外来人员"对西安话的态度及评价。（调查问卷详见本书附录部分。）

此次研究不是简单地把问卷发放给调查人群，然后再回收，而是在做问卷调查的时候，同时采用了访谈的方法，即测试人员依照问卷的问题逐个向被试者询问，然后由测试人员负责在问卷上勾画。这样确保了被试对问题的

---

[1] 祝畹瑾：《社会语言学概论》，湖南教育出版社 1992 年版，第 57 页。

正确理解以及回答问题的有效性，在谈话的过程中，测试人员也能通过闲谈正确理解被试者的意图和倾向。

2. 方言学的研究方法

（1）西安方言调查

在选定的城中村里，首先遵循方言学 NORM（非流动的、年老的、农村的、男性）的标准，让村委会给我们推荐了一个较为理想的发音合作人：1943 年出生的男性，姓焦（为本地一大姓），土生土长的本地人，父母双亲也皆为本地人；此发音合作人高中毕业，熟悉当地文化、风俗，较为健谈开朗。

在选定了标准发音合作人的基础上，此次研究尝试按照年龄和性别扩展发音合作人，让焦姓男子分别为我们推荐了另外五名发音合作人：60 岁以上的老年女性一人（初中毕业）（注：本地 60 岁以上的老年女性高中毕业的极少）、40—59 岁的中年男性和女性各一人（均为高中毕业）、20—39 岁的青年男性和女性各一人（均为高中毕业）。因此我们选取了老、中、青三个年龄段的男性和女性发音合作人各一人，总共 6 人，这 6 人均为土生土长的本地人，父辈也均在本地，本人均没有超过半年的外地生活经历，而且文化程度相当。发音合作人基本信息见表 1-3：

表 1-3　发音合作人基本信息统计表

	老年	中年	青年
男性	焦姓，1943 年生	曹姓，1962 年生	曹姓，1985 年生
女性	桑姓，1945 年生	余姓，1964 年生	林姓，1985 年生

寻找相似的文化背景是想排除文化程度对语言的影响，只看不同年龄段的发音合作人的语言特点，证实本地居民不同年龄阶段的语言差异是"年龄极差"现象还是通过"显像时间"体现的进行中的语言变化，也就是通过调查同一言语社区（北山门口村）的不同年龄段的被试者在西安话的语音、词汇、语法上所表现出来的差异，寻求西安话正在进行中的变化。

本次调查采用传统的念词表法，力图记录北山门口村老、中、青三代西安话的语音、词汇和语法特点。根据孙立新著《西安方言研究》，并参照《陕西方言地理信息系统研究调查手册》，本调查词表共分三个部分，即第一部分"声韵调"；第二部分"词汇表"；第三部分"语法表"。

第一部分"声韵调"：一共选出 12 个单字（下列斜体黑字）标记西安话的四个声调（阴平 21/31，阳平 24，上声 53，去声 44/55）：

猫、*鞭*炮、*拼*音、*没*有、*停*止、*地*痞、*手*术、牙*齿*、*打*、*挡*、*逗*人笑、*处*所。

30 个单字（下列斜体黑字）标注声母：

*杯*子、*波*浪、*砖*、*触*、*船*、*顺*、*撞*、*书*、*林*、*瑞*、*入*、*床*、*所*、*初*、*眼*、*泥*、*挣*钱、*壮*、*差*不多、*山*、*茶*、*拆*、*西*安、*温*、*女*子、*坐*、*竹*、*熬*、*我*、*唇*。

63 个单字（下列斜体黑字）标注韵母：

老*师*、眉*毛*、*味*、女*婿*、*否*、*抓*、*说*、*火*、*馍*、*物*、*没*有、*和*平、*略*、*勺*、*脚*、*药*、*学*、*月*、*劣*、*爷*、*日*子、*核*桃、*盖*、*帅*、*鞋*、*癌*症、*吹*、*得*到、*百*、大*伯*、*披*、*虱*子、*国*、*雷*、*咀*嚼、*走*、*路*、*绿*色、*丢*、*兰*、*晚*、*面*、谈*恋*爱、*院*、*馅*、*本*、*蚊*子、*金*、怀*孕*、*亲*家、*村*、*嫩*、*俊*、*军*、*窗*、*映*、*虫*、*肾*、*吞*、*冬*、蛮*横*、*荣*、*牙*。

第二部分"词汇表"：根据日常生活使用的频率选取了 210 个词汇，包括时间、时令、方位、动植物、日常生活、衣食住行、称谓、人体部位、动作行为等一系列常用的词汇：

太阳、*晒太阳*、*月亮*、*星星*、*刮风*、*晚霞*、*打雷*、*闪电*、*下雨*、*阵雨*、*结冰*、*晴天*、*凉水*、*温水*、*开水*、*春天*、*夏天*、*秋天*、*冬天*、*出息*、*去年*、*今天*、*明天*、*后天*、*大后天*、*昨天*、*前天*、*大前天*、*星期天*、*早晨*、*凌晨*、*整天*、*上午*、*中午*、*下午*、*白天*、*傍晚*、*夜里*、*昨天晚上*、*每天*、*现在*、*过去*、*刚才*、*什么时候*；*上面*、*下面*、*后边*、*背后*、*旁边*、*附近*、*左边*、*右边*；*扫帚*、*笤帚*、*蔬菜*、*南瓜*、*西红柿*、*辣椒*、*荒芜*、*花生*、*蛇*、*鸟儿*、*宅院*、*小房子*、*正房*、*客厅*、*厨房*、*厕所*、*角落*、*被子*、*火柴*、*小匣子*、*炊餐*

具、大碗、小勺儿、酒杯、菜刀、抹布、蜡烛、拐杖、手纸、泔水、污垢；男人、女人、已婚女人、婴儿、小孩儿、男孩儿、女孩儿、姑娘（面称）*、老头儿、老太婆、小伙子、外地人、同乡、教员、祖父、祖母、外祖父、外祖母、父亲、母亲、岳父、岳母、公公、婆婆、伯父、伯母、叔父、叔母、舅父、舅母、姑*（父妹）*、姑妈*（父姐）*、姨*（母妹）*、姨妈*（母姐）*、姑父、姨夫、夫妻、丈夫、妻子、弟弟、弟媳、姐姐、姐夫、妹妹、妹夫、小儿子、亲戚、先人/祖先；傻瓜、坏蛋、傻子、办事呆板的人、没见过世面的人、不识字的*（两人）*不和；头、眼睛、鼻涕、肩膀、胳膊、腿、大腿、屁股、脚；衣服、背心、外衣；早饭、午饭、晚饭、馒头、水饺、佐料；吃撑了、吃饭、饿了、小睡、玩儿、逛街；生日、死了、坟；学校、上学、放学、本子、末名；游泳、跑、蹲、摔*（了一跤）*、捉弄*（人）*、扔/丢弃、打、找、丢*（钱包）*、聊天儿、收拾*（家）*；害怕、发愁、坏、美、丑、渴、小、矮；什么、那些、这里、那里、多会儿、那样、怎么、为什么、差点儿、多亏、一起*（去）*、的确、迟迟、不停地、一边……一边……、故意、一定、不要、千万*（别……）*、一团、一点儿。*

第三部分"语法表"包括词缀（"日"字头、"人"字尾、"头"字尾、"子"字尾、"儿"字尾、形容词后缀）、重叠（时间名词 AA 儿式、形容词 AA 儿式、名词短语 AA 儿+N 式、形容词 ABAB 式）、趋向动词（作补语、作谓语）、副词（程度副词后置）、"给"的前/后位置、助词（语气词、V+得/不+补语）、时制标记（过去时、将来时）和句型（"把"字句、双宾句、比较句）。

（2）普通话调查

针对方言调查的发音合作人，同时也进行了普通话的调查，同样采用"念词表"的方法，考查发音合作人的普通话程度。普通话词表的拟定，参照《陕西省普通话水平测试指要》的测试字词，精选了一些西安方言与普通话声韵调差异较大的 20 个"单字"和 30 个"词"，意图考察当地人不同年龄阶段普通话的语音差异。

普通话词表由两部分构成，筛选的原则是西安方言与普通话声韵调有明显差异的字、词，这样更能考查出发音人在说普通话的时候，是否能克服方言的影响？他们说的是"西安普通话"还是"纯正的普通话"？

第一部分：读单字（20 个）

没有、**齿**、**逗**、**猫**、地**痞**、**手**、**鞭**、**打**、**处**所、**拼**、**停**、**挡**、**甩**、**我**、**坏**、**累**、**鸟**、**跳**、**多**、**耳**。

第二部分：读词（30 个）

活泼、**波浪**、**砖头**、**袜子**、**水稻**、**挣钱**、**买书**、**尝一下**、**机械**、**西安**、**差不多**、**日子**、**大伯**、**眼睛**、**眉毛**、**老师**、**没有**、**得到**、**一百**、**绿色**、**谈恋爱**、**白色**、**流泪**、**考试**、**喝水**、**玩耍**、**走路**、**没事儿**、**村庄**、**爷爷**。

3. 社会语言学研究方法与方言学研究方法的结合

本次研究尝试拓展方言学的研究方法，并结合社会语言学的研究方法，在寻找发音合作人的时候，不是仅仅按照 NORM 的单一标准，而是考虑到年龄、性别等社会因素对语言的影响，根据年龄和性别把被试者分为三组，老年男性和女性（年龄在 60 岁以上），中年男性和女性（年龄在 40—60 岁之间）以及青年男性和女性（年龄在 20—40 岁之间）。这些不同年龄阶段的发音合作人具有相似的生活和教育背景，目的在于结合社会语言学的"显像时间"研究，也就是通过调查同一言语社区内的不同年龄段的被试者在方言的语音、词汇、语法上所表现出来的差异，追踪研究正在进行中的语言变化。

最后，根据本次调查的不同年龄阶段和性别的语言差异，同时结合已有的方言学调查资料，预测出西安市城中村语言变化的趋势。

（二）定量与定性相结合的研究方法

1. 定量的研究方法

利用社会语言学判断抽样的方法选取本地居民和外来人员各 300 人，进行问卷和访谈相结合的调查，然后对采集到的数据运用 Microsoft Excel 2011 软件进行统计和分析，并生成表格。同时，利用 SPSS（Statistical Package for Social Science）13.0 软件包对数据进行科学的综合分析，包括均值比较、方差分析和回归分析。

"均值"即平均数、平均值，用以测量某变量所有取值的集中趋势或平均能力。"方差分析"又称"变异数分析"或"F检验"，是一种分析变量或是检验变量显著效应的方法，统计上用"F"值表示差异的大小，"P"表示差异的显著能力，"P"值越小表示错误的概率越小，统计学上设定的错误概率在5%之内，即当P<0.05时，得出的结论具有统计学上的意义。

回归分析（Regression Analysis）的主要目的在于描述、解释或预测。在回归分析中如果自变量有两个以上，则称为复回归分析或多元线性回归分析（Multiple Linear Regression Analysis），其目的在于找出一个自变量（Independent Variable）的线性结合（回归方程式），以能简洁说明一组预测变量与因变量（Dependent Variable）间的关系，如果可以还可说明自变量间的线性组合与因变量间关系的强度有多大，整体解释变异量是否可以达到统计上的显著水平，在回归模型中哪些自变量对因变量的预测力较大。①

用数理统计的科学方法观察语言变项与社会变项的关系，说明两者的相关性，进而对前期提出的假设进行验证。

2. 定性的研究方法

根据前期的调查提出假设：①城中村本地居民在同外来人员发生语言接触后，本地方言和普通话的使用频率会有所改变，两种语言变体在使用功能上会产生分化。②城中村的外来人员与在家乡时比较，方言与普通话的使用频率也会有所改变，两种语言变体的使用功能会出现分化。③城中村的本地居民和外来人员是否具有一致的语言使用规范和语言态度，是否构成一个和谐的言语社区？④一些社会或心理因素，诸如性别、年龄、文化程度、学习普通话的起始时间、对自身普通话的期望程度、外来人员在本地的居住时间、流动取向等是否会影响城中村居民对语言变体的选择？⑤城中村本地居民老、中、青三代方言的使用是"年龄级差"现象还是进行中的语言变化？

① 吴明隆：《问卷统计分析实务——SPSS操作与应用》，重庆大学出版社2010年版，第376页。

⑥根据城中村居民的语言使用现状是否可以预测本地居民和外来人员未来的语言发展趋势?

（三）描写与解释相结合的研究方法

通过描写城中村居民的语言使用、语言能力和语言态度，从而透过现象看本质，对目前的语言使用状况做出进一步的分析、解释，找出影响城中村居民语言使用、语言能力和语言态度的显著性社会因素，并探寻造成其语言变异的深层原因和文化心理因素，揭示语言变化与社会变化的共变关系。

同时，通过描写城中村居民语言使用状况的共时变化，透过共时看历史，寻求城中村居民语言的历史变化轨迹，并预测城中村居民未来的语言变化趋势。

第二章　西安市城中村居民的语言使用

一、本地居民的语言使用

在对本地居民的语言使用情况调查后，发现本地居民绝大部分是操本地方言和普通话两种语言变体的"双言者"。"双言"的概念由美国语言学家弗格森（C. A. Ferguson，1959）首先引入，他对双言制下的经典定义是"（双言制是）一种相对稳定的语言状况，其中除了有语言的主要方言以外（这可能包括一种标准体或几种区域标准体），还有一种差异很大、高度精密的（往往是语法更加复杂的）高置变体，它是更早时期或来自另一个言语社团备受尊崇的大量书面文学作品的载体，它主要是通过正规教育而习得的，并且大部分用于书面语和正式口语，而不用于社团内部的日常会话。"① 弗格森把通过正规教育习得的用于书面语和正式口语的变体称为"高变体（H）"，而把用于社团内部日常会话的称为"低变体（L）"。以汉语为例，他认为汉语的文言文是高变体，口头官话是低变体，另外还有区域性低变体，即各地的方言。他甚至认为这是"已被核实的情况中规模最大的双言制现象"。但徐大明先生认为"这与中国目前的情况不符，因为目前文言文已经让位给白话文，普通话成了'高变体'，有明确的规范，是通过教育学会的，使用的场合也比较正式。一般人们在家里说自己本地话，即'低变

---

① Alan Hudson. *Diglossia*. Rajend Mesthrie. （ed.）*Concise Encyclopedia of Sociolinguistics*, Oxford：Elsevier, 2001, p. 226.

体'。但是普通话和地方话的对比远远没有典型双言制的两个变体那样泾渭分明。"①

　　在中国内地，虽然大部分是讲汉语的单语地区，但是各地域方言的存在却是普遍的现象。1956 年以后，国家大力推广普通话，形成了普通话和各地方言两种语言变体并存的现象，其中"普通话"是"高变体"，一般在比较正式的场合，或者公关场所使用；各地方言是"低变体"，一般在家里或者非正式的场合使用。鉴于此，国内有的学者认为，"双言"是指"同一语言存在两种或两种以上变体的现象，也指个人或语言集团使用同一语言的两种或两种以上方言的现象。"② 严学窘先生认为："双言现象是指同一种语言有着两种或两种以上的变体。如汉族有许多人在跟家人或同一方言区的朋友交谈时，讲地方方言；而在跟操其它方言的人交谈时或在公众场合时，则讲普通话。这种广泛存在的讲方言又讲共同标准语的现象，叫做'双言现象'（diglossia）。"③ 因此，此次研究采用"双言现象"来特指中国内地的"普通话"和"地方方言"共同使用的现象，而把同时讲地方方言和普通话的人称为"双言者"。

　　对于北山门口村的本地居民而言，"双言"的两种语言变体指的是西安方言和普通话。在使用两种或多种语言变体的社会中，人们总是根据一定的条件选择使用某种语言或语言变体，而且这种选择具有很强的规律性。美国语言学家费希曼（Fisherman，1972）提出"语域理论"来解释语言的选择。所谓语域或语言使用域（Domain of Use）是指由一系列共同的行为规则（包括语言规则）制约的一组典型的社会情景。这是一些活动范围（领域），在这个范围内人们必定选择某一种语言、方言或语体。④ 而且操双语的说话者会根据说话的场合、对象和话题从一种语言转到另一种语言或方言，这便

---

①　徐大明：《社会语言学研究》，上海人民出版社 2007 年版，第 226 页。

②　余惠邦：《双语、双言交际中的语言选择和语码转换》，《西南民族学院学报》（哲学社会科学版）1991 年第 5 期。

③　严学窘：《中国对比语言学浅说》，华中工学院出版社 1985 年版，第 13 页。

④　徐大明：《社会语言学研究》，上海人民出版社 2007 年版，第 224 页。

是"语码转换（Code-Switching）"。"'语码'是个中性词，泛指人们在言语交际中使用的任何一种符号系统，或语言或方言或一种语体。语码转换指在双语或多语交际环境中，在不同场合，或在一次交谈中，操双语者轮换使用两种或多种不同的语言、方言或语体。"①

　　具体到北山门口村的本地居民，他们对于西安话和普通话这两种语言变体使用的规律性体现在，对长辈或父母及同乡配偶说话时，西安话占据绝对优势；而在商店、银行、医院等公共场所或对客户说话时，普通话占据了绝对优势（见图2-1）。

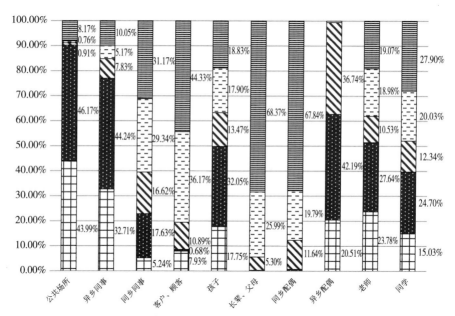

图 2-1　本地居民语言使用频率图

　　在北山门口村本地居民的日常生活中，西安话大多用于跟亲属的交流，而普通话则用于与陌生人的交流。两种语言变体有各自使用的空间领域，互相补充，和谐共生，在不同的场合，或面对不同的交谈对象时，本地居民会选择不同的语言变体，进而在不同的语言变体之间进行自如的语码转换。

---

① 祝畹瑾：《新编社会语言学概论》，北京大学出版社2013年版，第255页。

在社会交往的过程中，决定人们语言选用和语码转换的因素很多，有语言本身的因素和说话者语言习得的因素，但更多的是语言以外的社会因素在起作用，比如说话的对象、场合、话题等，或者说话者的身份、年龄、职业、性别、社会地位等。那么具体在北山门口村，这些社会背景因素是否会影响本地居民的语言使用状况？到底哪些因素会对本地居民的语言使用具有显著性影响呢？

二、本地居民语言使用的影响因素

此次研究共调查了文化程度、性别、年龄、职业、收入、流动取向（您打算去外地工作吗）、学习普通话的起始时间（您从什么时候开始说普通话的）、对自身普通话的期望程度（您希望自己的普通话达到什么程度）八个社会因素对本地居民的语言使用是否有影响。根据调查结果把这几项因素综合起来，进行多元线性回归分析，分析结果如表2-1所示：

表2-1　本地居民普通话使用影响因素多元线性回归分析表

系数（a）（Coefficients[a]）				
模型（Model）	未标准化系数（Unstandardized Coefficients）	标准化系数（Standardized Coefficients）	t	显著性（Sig.）
	B 的估计值 / 标准误（Std. Error）	Beta 分布		
常数（Constant）	1.696　.412		4.112	.000
性别	.199　.112	.084	1.780	.076
年龄	-.009　.006	-.089	-1.422	.015
文化程度	.108　.018	.312	5.871	.000
学习普通话起始时间	.186　.041	.217	4.506	.000
普通话期望值	.348　.058	.304	5.984	.000
职业	.020　.022	.054	.891	.374

续表

系数（a）（Coefficients^a）					
收入	.006	.050	.007	.117	.907
流动取向	-.125	.141	-.045	-.890	.374
a. 因变量（Dependent Variable）：普通话使用					

　　首先看表2-1中的Sig.值，也就是第一章研究方法里提到的P值，只有P值<0.05，得出的结论才具有统计学上的意义，对应的此因素也就具有显著性影响。据此，可以看到在调查的八个因素当中，只有"年龄、文化程度、学习普通话起始时间和普通话期望值"对普通话使用具有显著性影响，它们的P值分别为：.015、.000、.000、.000，都小于0.05，而其他因素"性别、职业、收入和流动取向"对普通话使用不具有显著性影响，因为它们对应的P值分别为：.076、.374、.907、.374，均大于0.05。

　　针对所有显著性影响因素"年龄、文化程度、学习普通话起始时间和普通话期望值"，再观察上表的标准化系数（Standardized Coefficients）这一列，将所有数字的绝对值按大小排列，越大的数字对应的因素对普通话的使用影响越大，该表中.312>.304>.217>.089，则说明"文化程度"对本地居民普通话使用的影响最大，其次是"对自身普通话期望程度"，再次是"学习普通话起始时间"，最后是"年龄"。

　　同时如果标准化系数（Standardized Coefficients）的数字为正数，说明影响因素与普通话的使用呈正相关；如果是负数，说明对应的影响因素与普通话的使用呈负相关。也就是说，"文化程度、学习普通话起始时间和普通话期望值"与普通话的使用呈正相关，即文化程度越高、学习普通话的时间越早、对自身普通话期望值越高，普通话的使用频率就越高；反之，文化程度越低、越晚学习普通话、对自身普通话程度没有什么期望的，则普通话的使用频率越低。表中所有显著性影响因素中只有"年龄"是负数（-.089），说明本地居民的年龄与普通话的使用呈负相关，即年龄越大使用普通话的频率越低，年龄越小使用普通话的频率越高。

（一）文化程度对语言使用的影响

在本次调查研究中，设定选项"全部用西安话"为1，"西安话占多数"为2，普通话和西安话差不多为"3"，"普通话占多数"为4，"全部用普通话"为5。根据统计结果，均值在1.5以下的视为"全部用西安话"，均值在1.5—2.5之间的视为"西安话占多数"，均值在2.5—3.5之间的视为"普通话和西安话差不多"，均值在3.5—4.5之间的视为"普通话占多数"，均值在4.5以上的视为"全部用普通话"。

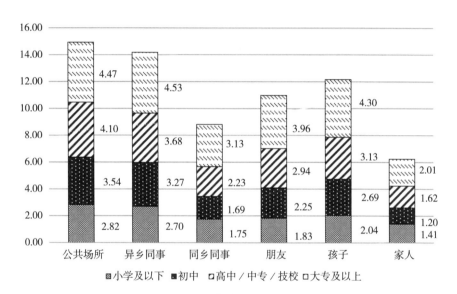

图2-2　不同文化程度本地居民语言使用均值差异图

图2-2统计的是不同文化程度的本地居民针对不同的说话对象和在不同场合使用西安话和普通话频率的均值（具体如图所示）。从图2-2可以明显看到这样一个趋势，即不论何时何地何人，学历越高的本地居民普通话的使用越频繁，而且从小学到初中再到本科及以上，呈现明显的递增趋势。尤其在与"孩子、朋友、异乡同事"说话时，以及在公共场所，大专及以上学历的本地居民使用普通话占多数（均值均在3.5以上）。只有在与家人（长辈）说话时，高中以上文化程度的本地居民多用西安话（均值为1.62和2.01），而初中及以下学历的全部用西安话（均值为1.20和1.41）。可

见，文化程度对普通话使用具有显著性影响，且文化程度越高，普通话使用频率越高；文化程度越低，普通话使用频率越低。

（二）自身普通话期望值对语言使用的影响

表 2-1 的多元线性回归分析显示，本地居民"对自身普通话的期望值"是影响语言使用的显著性因素之一，而且是仅次于"文化程度"的第二大因素。那么其具体影响程度如何？请看下图：

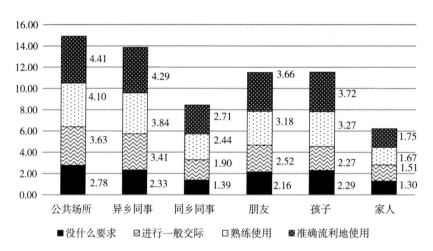

图 2-3　自身普通话不同期望值的本地居民语言使用均值差异图

从图 2-3 可以清楚地看到，期望自己能准确流利地使用普通话的本地居民无论在什么场合，无论跟谁说话，普通话的使用频率都是最高的，而且随着对自身普通话期望值的降低，普通话的使用频率呈现明显的递减趋势。换句话说，城中村的本地居民对自身普通话的期望值与普通话的使用频率呈正相关：对自身普通话期望值越高的本地居民，其普通话的使用频率也越高；对自身普通话期望值越低的本地居民，其普通话的使用频率也越低。

（三）学习普通话起始时间对语言使用的影响

表 2-1 的多元线性回归分析显示，本地居民"学习普通话的起始时间"对普通话的使用具有显著性影响，是影响语言使用的第三大显著性因素。具

体影响程度如下图所示：

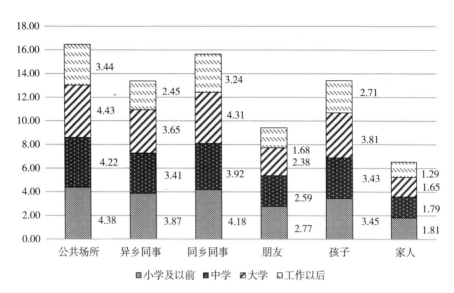

■小学及以前　■中学　■大学　□工作以后

图2-4　学习普通话不同起始时间的本地居民语言使用均值差异图

从图2-4可以看出，接触普通话的时间越早越倾向于使用普通话，以对家人说话为例，小学及以前学习普通话的本地居民语言使用均值为1.81，随着学习普通话起始时间的推迟，使用均值降到了1.29，属于"全部使用西安话"的范畴，其余几个均值显示，本地居民多多少少都会使用一些普通话。

但是从大学开始学习普通话的本地居民，在对孩子、朋友和公共场合说话时，是使用普通话频率最高的。这是因为"文化程度"是影响语言使用的最显著的因素，尤其是具有大学文化程度的本地居民除了对长辈、朋友和同乡同事还说西安话以外，其余的场合基本都使用普通话（见图2-2），这也难怪他们在对"孩子、异乡同事、公共场所"这几栏中显示的语言使用均值都是最大的（见图2-4），这说明"文化程度"对语言使用的影响大过"学习普通话的起始时间"。

（四）年龄对语言使用的影响

年龄与语言使用的密切关系早已引起了社会语言学的关注，"语言存在着年龄差异是所有差异中最直观、最常见的。大到一个社会、一个社群，小到一个单位、一个居民区、一个家庭，都会以各种方式表现出不同年龄的人们在语言使用上的差异。通常，任何一个语言社团都可能由于年龄的差异形成儿童语言变体、青年语言变体、老年语言变体等。一般情况下，儿童语言变体简单，较少有语体变化的特点；老年语言变体往往保留一些过时的语言特征；而青年语言变体则是对新的语言变化反应最快、最多的一种变体，甚至可以说他们就代表着语言变化的潮流。"①

上文的多元线性回归分析也显示出，年龄是影响本地居民语言使用的显著性因素之一，下面先来看看本地居民不同年龄段的语言使用情况。

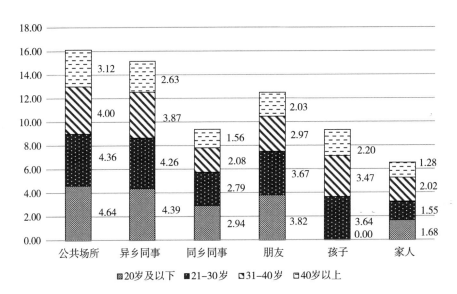

图 2-5　不同年龄段本地居民语言使用均值差异图

从图 2-5 可以明显地看出这样一个趋势，即不论说话对象是谁，不管在任何场合，年龄越低，使用普通话的频率越高，尤其在公共场合，20 岁以下年轻人的均值为 4.64（4.5 以上），可以视为全部用普通话，而 40 岁以上的本地居民均值为 3.12，只是普通话和西安话差不多。因此，我们可以预测，随着年龄的降低，普通话的使用频率呈明显上升趋势，年龄与普通话

① 戴庆厦主编：《社会语言学概论》，商务印书馆 2004 年版，第 31 页。

的使用呈负相关，而且对普通话的使用影响显著（P 值为 .015<0.05）（见表 2-1）。而青年人的语言又代表着语言变化的潮流，因此可以推断，在本地居民的语言使用中，普通话的使用频率不断增长，这样势必就会挤压方言的使用频率。但如果断言普通话会取代方言的位置还为时过早，因为方言仍然有自己的使用空间，比如对家人或长辈，方言仍然是主要的沟通语言，也是联系家人的牢固纽带。

三、外来人员的语言使用

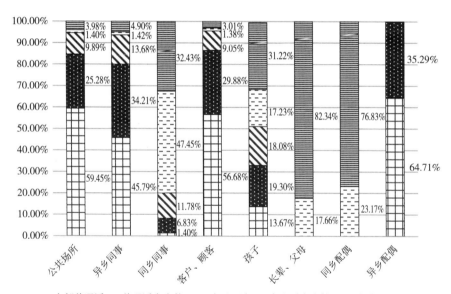

图 2-6　外来人员在西安的语言使用频率图

从图 2-6 可以清楚地看到，外来人员在西安的语言使用模式与本地居民类似，那就是，在公共场合、对客户/顾客、异乡同事说话时，普遍使用普通话；而对家人，尤其是父母和同乡配偶说话时，家乡话使用占多数。但是与本地居民相比，外来人员使用普通话的频率更高，例如，在公共场合，有59.45%的外来人员选择全部使用普通话，而全部使用普通话的本地居民只有43.99%。这也不难理解，外来人员操不同的家乡话，在公共场合只能用普通话与别人交流，因此比本地居民普通话的使用频率更高。

四、外来人员语言使用的影响因素

与本地居民不同的是，除了调查文化程度、性别、年龄、职业、收入、流动取向（您打算在西安待多长时间）、学习普通话的起始时间（您从什么时候开始说普通话的）、对自身普通话的期望程度（您希望自己的普通话达到什么程度）八个社会因素对外来人员语言使用的影响，还增加了"居住时间（您在西安居住的时间）"这个因素对外来人员语言使用的影响。根据调查结果把这几项因素综合起来，进行多元线性回归分析，分析结果如表2-2所示：

表2-2　外来人员在西安普通话使用影响因素多元线性回归分析表

系数（a）（Coefficients[a]）				
模型 （Model）	未标准化系数 （Unstandardized Coefficients）		标准化系数 （Standardized Coefficients）	t	显著性 （Sig.）
	B 的估计值	标准误 （Std. Error）	Beta 分布		
常数（Constant）	1.770	.278		6.374	.000
性别	.011	.077	.009	.139	.890
年龄	-.014	.004	-.285	-3.289	.001
文化程度	.033	.013	.189	2.561	.011
职业	.003	.012	.016	.238	.812
收入	.044	.032	.096	1.363	.174
流动取向	-.009	.046	-.012	-.189	.851
居住时间	.019	.007	.199	2.653	.059

续表

模型（Model）	未标准化系数（Unstandardized Coefficients）		标准化系数（Standardized Coefficients）	t	显著性（Sig.）
	B 的估计值	标准误（Std. Error）	Beta 分布		
学习普通话起始时间	.055	.026	.137	2.082	.039
对普通话的期望值	.088	.039	.160	2.256	.025
a. 因变量（Dependent Variable）：在西安时普通话的使用					

系数（a）（Coefficients^a）

首先通过表 2-2 中的 Sig. 值，排除不显著影响因素，Sig. >0.05 的因素，剩下的因素也就是 Sig. <0.05 的因素有年龄、文化程度、学习普通话起始时间和普通话期望值，即这四个因素对外来人员在西安的普通话使用具有显著性影响，它们的 Sig 值（P 值）分别为：.001、.011、.039、.025。

针对这些显著性影响因素"年龄、文化程度、学习普通话起始时间和普通话期望值"，我们再观察上表的标准化系数（Standardized Coefficients）这一列，将它们对应的数字的绝对值按大小排列，.285>.189>.160>.137，越大的数字对应的因素对普通话的使用影响越大，即年龄>文化程度>对自身普通话期望程度>学习普通话起始时间。

再看这四个因素的标准化系数（Standardized Coefficients），如果数字为正数，说明影响因素与普通话的使用呈正相关；如果是负数，说明对应的影响因素与普通话的使用呈负相关。除了年龄以外，其他几个显著性因素的标准化系数均为正数，也就是说，"文化程度、学习普通话起始时间和普通话期望值"与外来人员普通话的使用呈正相关，即文化程度越高、学习普通话的时间越早、对自身普通话期望值越高，其普通话的使用频率就越高；反之，文化程度越低、越晚学习普通话、对自身普通话程度没有什么期望的，则普通话的使用频率越低。表中"年龄"的标准化系数为-.285，说明外来人员的年龄与其在西安普通话的使用呈负相关，即年龄越大使用普通话的频率越低，年龄越小使用普通话的频率越高。

（一）年龄对语言使用的影响

从图 2-7 可以看到，40 岁以上的外来人员，不论说话对象是谁，在西安的普通话使用频率都是最低的，在跟孩子和家人说话时，随着年龄的降低普通话使用均值呈现递增的趋势。但外来人员中 20 岁以上到 40 岁以下的人群在跟异乡同事、朋友说话，以及在公共场所说话时，普通话使用均值差不多，都集中在 4.3—4.6 之间，也就是普通话使用占多数甚至全部，因此差别不是很大。

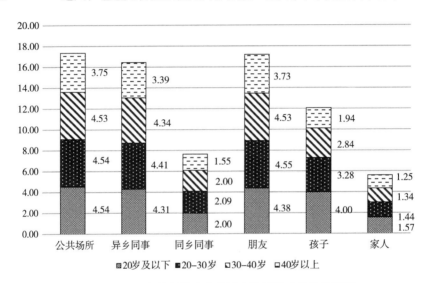

图 2-7　不同年龄段外来人员语言使用情况均值差异图

有意思的是，在跟同乡同事说话时，40 岁以下的外来人员使用"家乡话"占多数，语言使用均值在 2.0 左右，比同等年龄的本地居民语言使用均值低了一个层级，即外来人员更多地使用家乡话，而本地居民家乡话和普通话使用差不多。这是由"语言认同"建构的群体归属感在起作用。

"语言认同（language identity）是指群体在交际过程中，使用同一种语言或方言的交际行为，或群体对同一种语言或方言在态度、情感、认知等心理活动的趋同。"① 外来人员身在异乡，如果遇到老乡，大多感到比较亲切，

① 盛柳柳、严建雯：《语言认同和城市归属感研究——基于宁波方言和城市归属感的调研分析》，《现代语文》（语言研究版）2015 年第 1 期。

所以会较多地使用家乡话，而本地居民不会有这样的情感因素，到处都是同乡，所以家乡话的使用反而减少了。

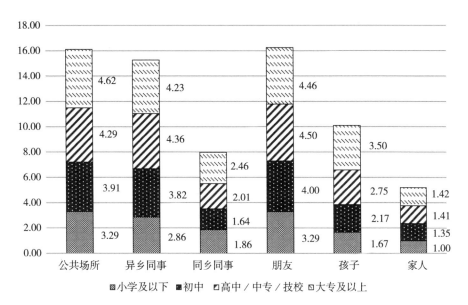

图 2-8　不同文化程度外来人员语言使用情况均值差异图

（二）文化程度对语言使用的影响

文化程度仅次于年龄，是影响外来人员语言使用的显著性因素。从图2-8的整体趋势可以看出，大专及以上文化程度的外来人员无论在什么场合，基本上都是使用普通话频率最高的人群，尤其是对孩子说话时。而小学及以下文化程度的外来人员总体普通话使用频率偏低，即使是在公共场合，普通话的使用均值也只有"3.29"，即普通话和家乡话使用频率差不多。

在西安"文化程度"对外来人员语言使用的影响跟对本地居民的影响有所不同，在跟朋友说话时，外来人员基本用普通话，而本地居民却是家乡话占多数。这是因为对外来人员而言，他们在当地的朋友不仅仅是老乡，还有更多的当地人或者外乡人，因此普通话是他们主要的交流语言；而本地居民的朋友可能大多数也是本地人，所以交流起来普通话并不占绝对优势。

（三）自身普通话期望值对语言使用的影响

"对自身普通话的期望值"是位于第三的影响外来人员语言使用的显著性因素，具体如下图所示：

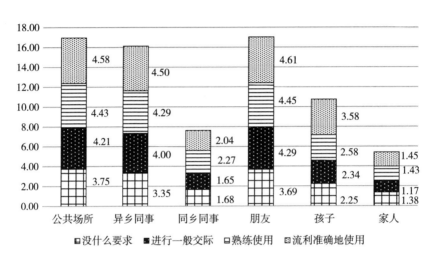

图2-9　自身普通话不同期望值的外来人员语言使用均值差异图

图2-9显示，对自身普通话水平没什么要求的外来人员总体普通话使用频率最低，即使是在公共场合，均值也没有超过"4"。而对自身普通话稍有要求的外来人员在对外交流的时候，包括公共场合、朋友、同事等，普通话的使用频率均超过了"4"，也就是说普通话的使用占多数。在对孩子说话时，对自身普通话水平要求高的，能流利准确地使用普通话的外来人员，对孩子使用普通话的频率也是最高的。

（四）学习普通话起始时间对语言使用的影响

"学习普通话起始时间"也是影响外来人员语言使用的显著性因素之一，但从下图看来，其影响的显著性稍差，总体趋势是"离开家乡以后"才开始学说普通话的外来人员，其普通话使用频率相较其他人群明显偏低。

图2-10中显示的大学开始学说普通话的外来人员在跟"孩子"说话时，其普通话的使用频率远远高于其他人群，而且在公共场所、在跟朋友和

同乡同事说话时，大学开始学说普通话的外来人员普通话的使用频率都略高一些。这是受"文化程度"的影响所致，因为"文化程度"比"学习普通话起始时间"是更为显著的影响因素，所以受其影响，大学开始学说普通话的外来人员的普通话使用频率较为突出，但这并不影响本图的总体趋势，即学习普通话起始时间越早的，相对普通话使用频率越高；反之，学习普通话起始时间越晚的，相对普通话使用频率越低。

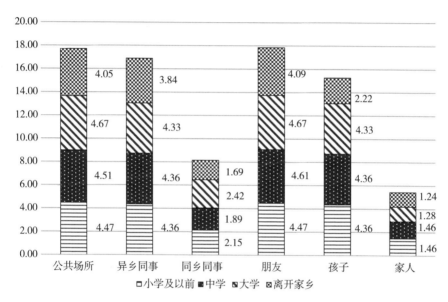

图 2-10 学习普通话不同起始时间的外来人员语言使用均值差异图

五、城中村居民的语言使用模式

城中村居民包括本地居民和外来人员，他们都是双言者，本地居民说的是西安话和普通话，外来人员说的是自己的家乡话和普通话。虽然他们的母语不同，但在城市化的进程中，他们混居于同一个城中村，相互的交流和沟通是避免不了的，这个时候"普通话"就架起了沟通的桥梁，由此带来的语言接触，致使城中村的本地居民和外来人员的语言使用产生了变化，尤其是外来人员，他们普通话的使用频率比在家乡时明显增高。而对于本地居民，通过访谈得知，纵向比较，他们比一二十年前，也就是他们居住的村落还未变成"城中村"之前，使用普通话的频率也大大增高了。

对于北山门口村的本地居民和外来人员来说，不仅普通话的使用频率增加了，而且他们使用普通话的模式也基本一致，那就是对内（主要是家人中的长辈和同乡朋友）使用家乡话，对外（主要是在公共场合以及对顾客/客户说话时）使用普通话，因此"场合"和"对象"成为他们在两种语言变体——家乡话和普通话之间进行语码转换的决定性因素。

同时，影响北山门口村本地居民和外来人员语言使用的显著性因素也大体一致，都是"文化程度、年龄、学习普通话起始时间和对自身普通话期望值"，而且"文化程度、学习普通话起始时间和对自身普通话期望值"与他们的语言使用呈正相关，也就是说，不论是本地居民还是外来人员，文化程度越高的普通话的使用越频繁；学习普通话时间越早的普通话的使用越频繁；对自身普通话期望值越高的普通话的使用频率也越高。在所有显著性因素中，只有"年龄"与本地居民和外来人员的语言使用呈负相关，即随着年龄的增长普通话的使用频率呈明显下降趋势。

对北山门口村的本地居民和外来人员来说，他们虽然具有不同的语言和社会背景，但他们却和谐地居住在一个村落共同生活，彼此无障碍地交流沟通，这是因为他们有着共同的语言使用模式（见图2-11），而且影响他们语言使用的社会因素一致：

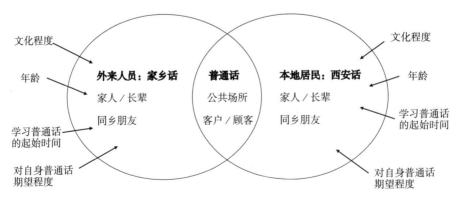

图2-11　城中村居民的语言使用模式图

第三章　西安市城中村居民的语言能力

一、本地居民的语言能力

从上一章的调查结果可以看出，城中村的居民大多是持家乡话和普通话的双言者。此次我们考察城中村居民的语言能力主要考察的是他们的普通话能力，因为方言是他们的母语，是从一出生就自然习得的语言，如果人们拥有正常的发音器官和必备的生理条件，并且出生后处于正常的语言环境，那么人们的母语语言能力差别不大。而普通话是他们后天通过各种渠道习得的：有的是在学校；有的是看电视听广播；有的是通过社会交往，这导致他们的普通话能力各有不同，差异较大，因此我们把他们的普通话能力作为语言能力进行考察。

本次研究采用让被试者主观判断或自我评定的方法考察本地居民的普通话能力，对其普通话的程度分为五个等级：能准确流利地使用（记5分）；能熟练使用但有一些口音（记4分）；基本能交谈但不熟练（记3分）；能听懂但不太会说（记2分）；听不懂也不会说（记1分）。

依照上文提到的五个等级，北山门口村本地居民的普通话能力，即普通话程度的考察结果如下图所示：

图3-1可以清晰地显示出本地居民的普通话能力，能准确流利地使用普通话的人数占到被试者的42%；能熟练使用但有一些口音的占40%；基本能交谈的有12%；能听懂但不太会说的只有6%；完全听不懂也不会说的人没有。

从统计数据可以看出，普通话的听懂度还是很高的，在我们的调查过程

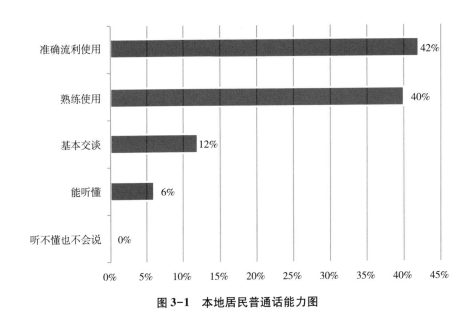

图 3-1　本地居民普通话能力图

中还没有发现有人听不懂普通话，能听懂就为下一步学说话提供了有利的条件。因此从整体来看，本地居民的普通话能力还是比较令人满意的，高达94%的人都能使用普通话（得3分以上的），虽然可能不是很熟练，或是带有口音，即西安普通话，但这样的普通话水平已经基本能达到无障碍地与外来人员进行交流。

　　另外，还有一点需要指出，本次调查研究采用让被试者主观判断或自我评定的方法有可能对自己的普通话程度估计得过高。虽然有这个可能性，但是做问卷调查和访谈的整个过程，测试人员都是用普通话进行的。首先，还没有出现被试者听不懂普通话的情况；其次，除了一些年龄偏大的本地居民不太会说普通话以外，其他绝大部分的被测试者也都是用普通话回答问卷和访谈的问题，因此此次调查研究的结果基本上反映了被测试者的真实语言能力。

二、本地居民语言能力的影响因素

　　人们语言能力的高低，尤其是第二语言或外语能力的高低到底受哪些因素的影响，语言学界对此也是争论不休。这里我们尝试从外部因素，诸如社会、心理因素，包括年龄、性别、文化程度、职业、经济收入、开始说普通话的时间和自身对普通话水平的期望，寻找影响人们普通话能力的决定性因素。

同样利用多元线性回归检测，表 3-1 显示了年龄、性别、文化程度、职业、收入、流动取向（您打算去外地工作吗）、学习普通话的起始时间（您从什么时候开始说普通话的）、对自身普通话的期望程度（您希望自己的普通话达到什么程度）等因素对本地居民普通话水平的影响。

通过表 3-1 中的 Sig. 值，也就是 P 值，在所有的八个因素中，只有"年龄、文化程度、学习普通话起始时间、普通话期望值"这四个因素对本地居民的普通话水平有显著性影响，因为它们所对应的 P 值均小于 0.05，分别为 .005、.000、.000 和 .004，只有 P 值小于 0.05，得出的结论才具有统计学上的意义。相反，另外四个因素"性别、职业、收入和流动取向"对应的 P 值分别为 .570、.875、.910 和 .973，均大于 0.05，不具有统计学上的意义，因此它们对于普通话水平的影响也就不显著。

针对所有显著性影响因素"年龄、文化程度、学习普通话起始时间、普通话期望值"，将它们上表中的标准化系数（Standardized Coefficients）按绝对值大小排列，文化程度（.406）>学习普通话起始时间（.212）>年龄（.186）>普通话期望值（.153）。绝对值越大说明对应的因素对普通话水平的影响就越大，据此可以得出，"文化程度"对本地居民普通话水平的影响最大，其次是"学习普通话起始时间"，再次是"年龄"，最后是"对自身普通话期望值"。

在所有显著性影响因素中，只有年龄的标准化系数（Standardized Coefficients）为负数（-.186），说明年龄因素与普通话水平呈负相关，也就是说，本地居民的年龄越大，其普通话水平越低；年龄越小普通话的水平越高。其他三个因素"文化程度、学习普通话起始时间、普通话期望值"与普通话水平呈正相关，即文化程度越高、学习普通话的时间越早、对自身普通话期望值越高，普通话的水平就越高。

表 3-1　本地居民普通话水平影响因素多元线性回归分析表

系数（a）（Coefficients^a）					
模型 （Model）	未标准化系数 （Unstandardized Coefficients）		标准化系数 （Standardized Coefficients）	t	显著性 （Sig.）
	B 的估计值	标准误 （Std. Error）	Beta 分布		
常数（Constant）	1. 751	. 279		6. 268	. 000
性别	. 226	. 076	. 146	2. 985	. 570
年龄	−. 012	. 004	−. 186	−2. 848	. 005
文化程度	. 091	. 012	. 406	7. 340	. 000
职业	. 041	. 015	. 169	2. 671	. 875
收入	. 004	. 034	. 007	. 113	. 910
流动取向	. 003	. 095	. 002	. 033	. 973
学习普通话起始时间	. 119	. 028	. 212	4. 246	. 000
普通话期望值	. 115	. 039	. 153	2. 908	. 004
a. 因变量（Dependent Variable）：普通话水平					

（一）文化程度对语言能力的影响

上一章的研究显示，本地居民的文化程度是影响语言使用的最为显著的因素，同样，在影响本地居民语言能力的所有因素中，文化程度仍然是位于第一的显著性因素，具体如下图所示：

图 3-2 中显示的小学及以下文化程度的本地居民不会用普通话交流的占所有不会用普通话交流的比重高达 66.67%，而大专及以上文化程度的人没有不会说普通话的，其准确使用普通话的人数占所有能准确使用普通话总人数的 67.48%，而初中毕业的本地居民普通话运用大多可以达到基本交谈的程度。这说明本地居民的文化程度越高，普通话水平就越高；文化程度越低，普通话水平就越低。

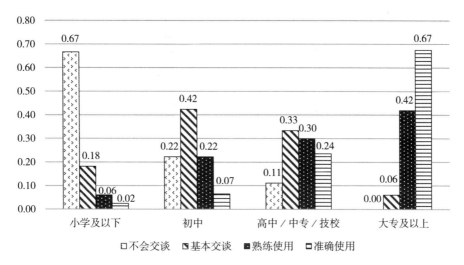

图3-2　不同文化程度本地居民的普通话能力差异图

（二）学习普通话起始时间对语言能力的影响

表3-1的多元线性回归分析显示，"学习普通话起始时间"是仅次于"文化程度"的对普通话能力具有显著性影响的因素。从图3-3中可以看到，能准确使用普通话的人群，开始学习普通话时间越早（小学及以前）在其中所占的比例越高；而随着开始学习普通话的时间越来越晚，其占准确使用人群的比例也越来越低。反之，能基本交谈的人群中，从小学及以前开始学习普通话的只占到3.45%，而工作以后学习普通话的所占比例最高，达到24.24%。比较特殊的是大学开始学习普通话的，其中能基本交谈的比例过低，只有5.71%，那是因为能熟练使用普通话的人群中，大学开始学习普通话的占到60%，所以能基本交谈的人数就自然降低了。

（三）年龄对语言能力的影响

上一章通过对本地居民和外来人员语言使用的研究，我们得出一个结论，即不论说话对象是谁，不管在任何场合，年龄越低，使用普通话的频率越高。那么使用普通话的频率越高，自然普通话的能力也就越高。语言是一

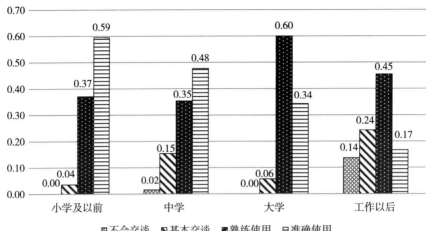

图3-3 学习普通话不同起始时间本地居民的普通话能力差异图

种工具,使用得越多也就越熟练,这一趋势我们从下图的数据中也得到了证实:图3-4中显示,能准确使用普通话的20岁以下的本地居民的分值是0.6818,分值越高表明能准确使用普通话的人数越多,而且随着年龄的增长分值在逐步下降,说明年龄越大的本地居民能准确使用普通话的越少,因此年龄对普通话水平具有显著影响。

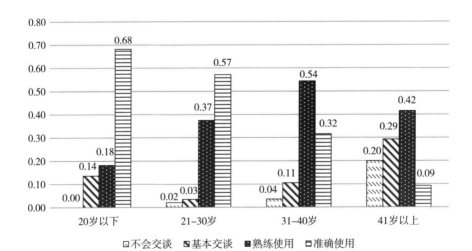

图3-4 不同年龄本地居民的普通话能力差异图

在"不会交谈"，即只能听懂但不会用普通话交谈一栏中，没有 20 岁以下的本地居民；而 41 岁以上的本地居民的分值最高，说明不会用普通话交谈的大多数是 41 岁以上的，同时能用普通话达到基本交谈的也是 41 岁以上的居多。值得注意的是，能熟练使用普通话但有一定口音的人群却是 31—40 岁的居多，这是因为大多数 41 岁以上的人要么是只能用普通话进行基本交谈要么就是根本不会交谈，所以"熟练使用"这一栏 31—40 岁的人群就占据了绝大多数。

（四）对自身普通话期望值对语言能力的影响

在对本地居民普通话水平具有显著性影响的四个因素"文化程度、学习普通话起始时间、年龄、对自身普通话期望值"中，"对自身普通话期望值"的影响因素排在第四位：

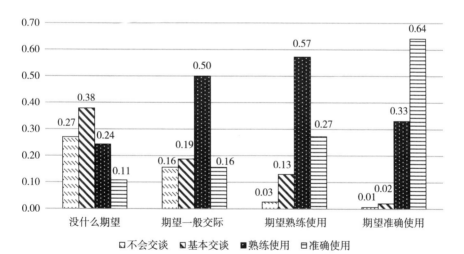

图 3-5　对自身普通话不同期望值的本地居民的普通话能力差异图

从图 3-5 中可以清楚地看到，"对自身普通话期望值"显著地影响普通话能力的高低。从能准确使用普通话一栏中可以明显地看出：对自身普通话水平期望值越高，其在准确使用普通话一栏中所占的比例越高，随着期望值的降低，所占比例也逐步降低；反之，在能用普通话基本交谈和不会交谈两栏中，随着对自身普通话水平期望值的降低，所占比例逐步升高。因此，我们可以得出结论，对自身普通话水平期望值越高，其普通话的水平就越高；反之，对自身普通话水平期望值越低，则其普通话的水平越低。

三、外来人员的语言能力

从上一章语言使用的研究结果来看，城中村的外来人员也是持家乡话和普通话的双言者，而且家乡话和普通话有各自使用的场合和对象，两种语言变体一个对内，一个对外，互相补充，和谐共生。

家乡话是外来人员的母语，是他们从一出生就习得的语言。对于正常的自然人来说，人们的母语语言能力差别不大。但普通话是他们后天通过各种渠道习得的，有时间先后的差异。因此，他们普通话的能力差异较大，故而同样把外来人员的普通话能力作为语言能力的考察对象。

跟本地居民类似，同样采用被试者主观判断或自我评定的方法考察外来人员的普通话能力，对其普通话的程度分为五个等级：能准确流利地使用（记5分）；能熟练使用但有一些口音（记4分）；基本能交谈但不熟练（记3分）；能听懂但不太会说（记2分）；听不懂也不会说（记1分）。依照此标准，北山门口村外来人员的普通话能力如下图所示：

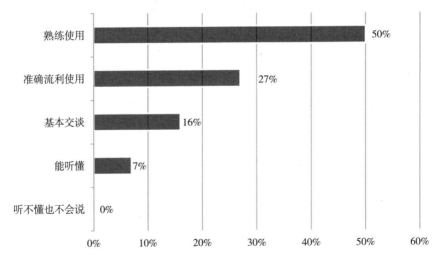

图 3-6　外来人员普通话能力图

　　图3-6 显示，外来人员中能熟练使用普通话的占50%，比本地居民的比例要高，本地居民只有40%；但外来人员能准确流利地使用普通话的比例要低于本地居民，只有27%，本地居民为42%；能用普通话进行基本交谈的外来人员和本地居民差不多，分别是16%和12%；能听懂普通话但不会说的外来人员和本地居民也差不多，分别是7%和6%；无论是外来人员还是本地居民都没有既听不懂也不会说普通话的。

　　这样看来，外来人员的普通话能力基本能满足与本地居民的交流，普通话俨然已经成为外来人员与本地居民沟通的桥梁，这也印证了上一章的研究结论："普通话"是一致对外的语言变体，也就是在公共场合或对顾客/客户说话时所使用的语言。

四、外来人员语言能力的影响因素

　　同样，从"年龄、性别、文化程度、职业、经济收入、居住时间、流动取向、开始说普通话的时间和自身对普通话水平的期望"考察对外来人员普通话能力的显著性影响因素。利用多元线性回归检测，表3-2 显示了这九个因素对外来人员普通话能力的影响：

表3-2　外来人员普通话水平影响因素多元线性回归分析表

系数（a）（Coefficients^a）					
模型（Model）	未标准化系数（Unstandardized Coefficients）		标准化系数（Standardized Coefficients）	t	显著性（Sig.）
	B 的估计值	标准误（Std. Error）	Beta 分布		
常数（Constant）	2.149	.568		3.786	.000
年龄	.004	.009	.036	.437	.663
文化程度	.078	.026	.212	3.008	.003

续表

系数（a）（Coefficients^a）					
模型 （Model）	未标准化系数 （Unstandardized Coefficients）		标准化系数 （Standardized Coefficients）	t	显著性 （Sig.）
	B 的估计值	标准误 （Std. Error）	Beta 分布		
居住时间	.030	.015	.146	2.031	.044
普通话期望值	.394	.080	.337	4.959	.000
性别	.218	.157	.084	1.391	.166
职业	.007	.024	.019	.292	.771
收入	-.122	.066	-.125	-1.865	.064
流动取向	.141	.093	.094	1.509	.133
学习普通话起始时间	.156	.054	.182	2.889	.004
a. 因变量（Dependent Variable）：普通话水平					

根据表 3-2 中的 Sig. 值，也就是 P 值，提取显著性影响因素，即 Sig. <0.05 的因素，得到"文化程度、普通话期望值、学习普通话起始时间"这三个因素对外来人员的普通话水平具有显著性影响，它们的 Sig. 值分别为 .003、.000、.004，均小于 0.05，具有统计学上的意义。

把这三个显著性影响因素"文化程度、普通话期望值、学习普通话起始时间"的标准化系数（Standardized Coefficients）按绝对值大小排列，普通话期望值（.337）>文化程度（.212）>学习普通话起始时间（.182）。绝对值越大说明对应的因素对普通话水平的影响就越大，据此可以得出，"对自身普通话期望值"对外来人员普通话水平的影响最大，其次是"文化程度"，最后是"学习普通话起始时间"。

所有显著性影响因素的标准化系数（Standardized Coefficients）均为正数，表明这些显著性影响因素与普通话水平呈正相关，即对自身普通话期望值越高、文化程度越高、学习普通话的时间越早的外来人员其普通话水平就越高。

（一）自身普通话期望值对语言能力的影响

据上文分析，"对自身普通话的期望值"是影响外来人员普通话能力的最显著因素，具体影响如图3-7所示：

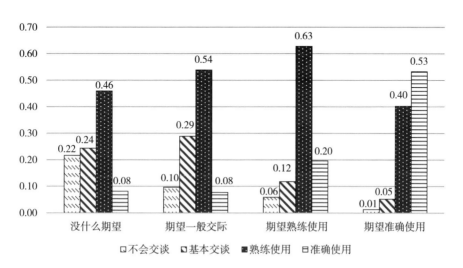

图3-7　自身普通话不同期望值的外来人员的普通话能力差异图

图3-7显示，期望自己能准确流利地使用普通话的外来人员，也就是对自身普通话水平期望值最高的人员，其准确使用普通话的比例也最高，达到53%，超过了半数；而对自身普通话水平期望值高的外来人员不会用普通话交谈的只有1%。而在纵轴"不能交谈"一栏中，对自身普通话水平期望值越低的所占比例越高，随着期望值的升高所占比例逐步下降。

只有能"熟练使用"普通话一栏的人群比例比较特殊，除了"期望准确使用"普通话以外，其他的人数比例都是最高的，能熟练使用普通话的外来人员整体所占比例最高，达到50%（见图3-6），因此此栏中"期望熟练使用"普通话的人数所占比例最高。但这并不影响整体趋势，即对自身普通话水平期望值越高，其普通话的水平就越高；反之，对自身普通话水平期望值越低，则其普通话的水平越低。

（二）文化程度对语言能力的影响

表 3-2 的多元线性回归分析显示，外来人员的"文化程度"是影响语言能力位列第二的显著性因素，具体如图 3-8 所示：

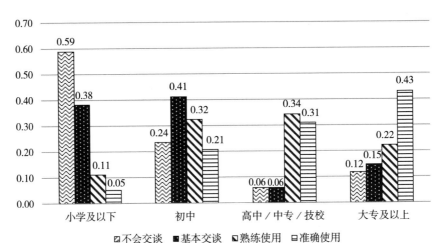

图 3-8　不同文化程度外来人员的普通话能力差异图

图 3-8 中所显示的"小学及以下"文化程度的外来人员不会用普通话交流的人数所占比重最大，达到 59%；而能准确使用普通话的仅有 5%。但在"准确使用"普通话的人群中，具有大专及以上文化程度的人占到 43%，随着文化程度的降低，其"准确使用"普通话的人数比例随之降低，"高中/中专/技校"毕业的为 31%，"初中"毕业的为 21%，"小学及以下"毕业的只有 5%。再看"大专及以上"文化程度的外来人员，随着普通话水平的递减，大专及以上文化程度所占的人数比例也呈现递减的趋势。因此可以得出结论：外来人员的文化程度越高，普通话能力就越高；文化程度越低，普通话能力就越低。

（三）学习普通话起始时间对语言能力的影响

表 3-2 的多元线性回归表显示，"学习普通话起始时间"是位列最后的对外来人员普通话能力具有显著性的影响因素。

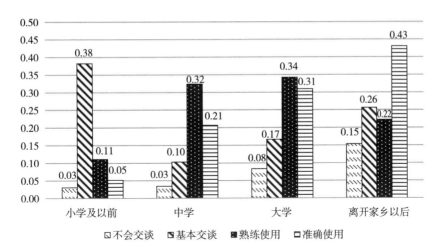

图 3-9　学习普通话不同起始时间外来人员的普通话能力差异图

　　图 3-9 显示，不能用普通话交谈的人群，"离开家乡以后"才开始学说普通话的所占比例最高，为 15%，而随着学习普通话时间的提前，所占比例越来越小；能用普通话达到基本交谈程度的人群，也是如此，即学说普通话时间越早，所占比例越小。能熟练和准确流利地使用普通话的人群，其趋势正好相反，越早学说普通话的所占比例越高。比较特殊的是能"熟练使用"普通话一栏的数据，那是因为能熟练使用普通话的外来人员所占比例最高，人数最多，所以这一栏的整个人数比例都高。但图 3-9 还是能反映一个基本趋势，那就是越早学说普通话的外来人员，其普通话水平和能力越高。

五、小　结

　　西安市城中村的本地居民和外来人员都是操家乡话和普通话的双言者，他们对不同语言变体的使用遵循着共同的规则，即根据场合和交谈的对象选择语言变体，对"家人/长辈"说话时，多使用家乡话；而在"公共场合"或跟"客户/顾客"说话时，普通话使用占多数。因此，本地居民和外来人员的普通话整体水平较高，能准确流利地使用普通话的人数分别占到被试者的42%和27%；能熟练使用但有一些口音的分别占40%和50%；基本能交谈的分别占12%和16%；能听懂但不太会说的只有6%和7%；没有完全听不懂也不会说普通话的人。

对西安市城中村本地居民的普通话水平和能力具有显著性影响的因素有"文化程度、学习普通话起始时间、年龄和对自身普通话期望值"。本地居民的文化程度越高，其普通话水平越高；其次是"学习普通话起始时间"，越早学习普通话的本地居民，其普通话水平也就越高；再次是"年龄"，年龄与普通话水平成反比，年龄越小的本地居民普通话水平越高；最后是"对自身普通话期望值"，毫无疑问，对自身普通话程度期望值越高的，其自身的普通话水平也就越高。

对外来人员的普通话水平和能力具有显著性影响的因素只有三个，分别是"文化程度、学习普通话起始时间和对自身普通话期望值"。其中"对自身普通话期望值"是影响最大的显著性因素，其次是"文化程度"，最后是"学习普通话起始时间"。整体趋势是对自身普通话期望值越高的、文化程度越高的、学习普通话起始时间越早的外来人员，其普通话水平和能力就越高。

对外来人员普通话能力影响的显著性因素中没有"居住时间"，这与当初预想的不同。最初预想，外来人员在西安居住的时间越长，其普通话的使用就越频繁，因而普通话能力也就应该越强。但事实是，"居住时间"并不是对外来人员普通话能力显著性的影响因素之一。通过访谈发现，在西安居住时间越长的外来人员，年龄也就越大，而年龄越大对家乡话就越有感情，况且客居异乡，对家乡话更加怀念，下一章的研究也证实了这一点。

另外，值得注意的是，年龄是影响城中村本地居民语言能力的显著性因素之一，而并不是影响外来人员语言能力的显著性因素，个中的原因可能比较复杂，估计跟年龄越小的外来人员在西安生活的时间越短有关，根据表3-3显示，20岁及以下的外来人员大多在西安生活的时间不超过两年，他们的流动性较大，因此年龄没有能够成为影响外来人员的语言能力的显著性因素。当然，也许还有其他未知的原因，值得今后进一步研究。

表 3-3　外来人员年龄、居住时间交叉列表

居住时间 ＼ 年龄分段	20 岁及以下	21—30 岁	31—40 岁	40 岁以上	合计
2 年及以下	8	45	10	12	75
3—10 年	4	59	23	28	114
11 年及以上	0	3	12	12	27
合计	12	107	45	52	216

备注：有一人居住时间为空。

第四章 西安市城中村居民的语言态度

语言态度（Language Attitude）是指个人对某种语言或方言的价值评价和行为倾向。①"态度研究（Attitudinal Study）是社会语言学的一个重要组成部分，因为一切语言变体的社会价值都来源于有关的语言共同体对其所持的立场、态度和政策。一种异体使用范围的扩大或缩小也同语言使用者对它的评价密切相关。"②

一个人尤其是双语或双言者对一种语言或方言的态度决定了他实际使用某种语言或方言的行为，以及使用不同的语言或方言的实际频率。当然，影响人们语言态度的因素有很多，首先，某种语言或方言的社会地位跟政治、经济的因素密切相关。比如，普通话因为是国家规定的汉民族的通用语，所以自然它的社会地位较高。又如，粤语是因为经济地位发展为优势方言，在国内改革开放的初期曾经显赫一时。其次，说话人的感情因素会影响他对某种语言或方言的态度。一般来说，人们对自己的家乡话都有一种特殊的情感，因此对家乡话的评价往往会受到情感因素的影响。最后，人们对某种语言或方言的态度不是一成不变的，而是随着社会的发展而变化的。例如，上文提到的粤语，在 20 世纪 80 年代是优势方言，说粤语的人往往被人们尤其是内地的人们认为是"有钱人"，但随着我国改革开放的深入，各地的经济发展趋于平衡，广东的经济优势地位不再独领风骚，因此粤语的优势地位也就不复存在。

---

① 游汝杰、邹嘉彦：《社会语言学教程》，复旦大学出版社 2004 年版，第 83 页。
② 祝畹瑾：《社会语言学概论》，湖南教育出版社 1992 年版，第 1 页。

　　一个人对某种语言变体的评价往往是主观的，而且受到多种因素的综合影响，比如心理、社会、文化因素等。语言变体本身是平等的，没有优劣、好坏之分，"在过去的几十年中，语言学家对世界上许多语言进行了研究，发现那种认为一种语言比另一种语言优越的看法是没有语言学根据的。所有语言具有相同的复杂性且结构完整，能够满足其说话者的需要。"因此，语言态度"实际是一种社会态度，而不是语言学的观点。对语言'好''坏'的评价是建立在社会和文化价值基础之上的，那些被认为是'好'的语言均与威信高的社会集团相关联。因此，那些评价实际上是对某一语言集团而不是对语言本身的评价。"①

　　语言态度是一种社会心理的反映，对它的测量与研究始于美国心理学家兰伯特（W. E. Lambert），他于1967年首创了"变语配对"（matched guise）的语言态度实验方法。"该方法请双语者用不同语言变体为某段话录音，然后将录音放给被试者，请他们根据声音为'不同录音者'的特征作出评价。此法的用意在于，用语言变体的转换诱导出某个社会群体对另一社会群体成员所持的偏见或倾向性看法。后来，变语配对这一社会心理调查方法被广泛采用并不断完善。"②

　　之后，学者们有的继续采用"变语配对"法，有的采用总加量表、语义差异量表、直接调查、间接调查等方法研究语言态度，取得了许多有价值的研究成果。

　　总加量表又称里克特量表，是1932年由里克特提出并使用。总加量表是最简单、同时也是使用最为广泛的量表。其主要目的是用了测量人们对某一事物的看法和态度，主要形式是询问答卷者对某一陈述的判断，并以不同的等级顺序选择答案，如"非常同意""同意""不同意""非常不同意"等。总加量表按可供选择的答案的数量的不同，可以分为两项选择式和多项选择式两种形式。两项选择式只设"同意、不同意"，或"是、不是"两项

① 沈依青：《语言态度初探》，《清华大学学报》（哲学社会科学版）1997年第2期。
② 高一虹、苏新春、周雷：《回归前香港、北京、广州的语言态度》，《外语教学与研究》1998年第2期。

可供选择的答案；多项选择式通常设"非常同意、同意、说不上、不同意、非常不同意"五个等级供选择。多项选择式选择量表由于答案类型的增多，人们在态度上的差别就能更清楚地反映出来，因此这种量表比两项选择式量表要用得更多一些。①

　　此次针对西安市城中村本地居民语言态度的调查研究，采用调查问卷和总加量表相结合的方式。比如，设计了"您喜欢说西安话/普通话吗?""您希望您的孩子会说普通话吗?""您希望您的孩子保持说西安话吗?"以及对西安话和普通话的评价。这些问题的答案都设计成总加量表常用的五个等级，例如"喜欢、比较喜欢、一般、不喜欢、很不喜欢"，"必须会/保持、希望会/保持、无所谓、不太希望会/保持、不希望会/保持"，"非常好听/亲切/有用/有社会影响、比较好听/亲切/有用/有社会影响、一般/亲切/有用/有社会影响、不太好听/亲切/有用/有社会影响、不好听/亲切/有用/有社会影响"。统计的时候，"非常"一级的统一记作"5"，"比较"一级的记作"4"，"无所谓/一般"记作"3"，"不/不太"记作"2"，"很不/不"记作"1"。

一、本地居民的语言态度

（一）本地居民对普通话及西安话的评价

　　本次研究从"好听、亲切、有用和社会影响"四个方面调查了西安市北山门口村的本地居民分别对普通话和西安话的评价。统计时，"非常好听、非常亲切、非常有用和非常有社会影响"记5分，"比较好听、比较亲切、比较有用和比较有社会影响"记4分，"一般"记3分，"不太好听、不太亲切、不太有用和没多大社会影响"记2分，"不好听、不亲切、没用

---

① 夏历：《在京农民工语言状况研究》，博士学位论文，中国传媒大学，2007年，第84页。

和没有社会影响"记 1 分，然后算出每项的均值（Mean），统计结果见下图：

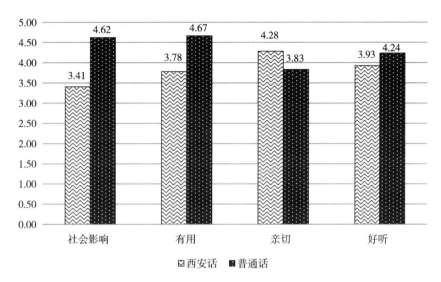

图 4-1 本地居民对普通话和西安话评价差异图

图 4-1 中，本地居民认为西安话的社会影响力一般，认为普通话的社会影响力很大，均值接近 5 分。同样，本地居民认为普通话非常有用，而西安话只是一般。但从情感的角度来看，本地居民认为西安话比较亲切，而普通话一般。从第二章"语言使用"的调查结果可以看出，本地居民跟长辈或家人说话时，西安话占据了绝对的优势，也就是说西安话是亲人的语言，因此他们觉得西安话更亲切。

有意思的是，本地居民虽然觉得西安话亲切，但却认为普通话更好听。这可能跟人们长久以来固有的观念有关，"普通话在方言之上，远比任何一种方言有用，就是说普通话比方言有更大的社会作用和经济效益。普通话又是文化教养的标志，普通话普及程度是衡量文化教育发达程度的重要标志"[1]。相比普通话，方言通常是土气的标志，对普通话的"仰视"态度决定了人们可能认为普通话更好听。

———————

[1] 陈章太：《关于普通话与方言的几个问题》，《语文建设》1990 年第 4 期。

在"有用"和"社会影响"方面，普通话占据了绝对的优势，均值分别为 4.665 和 4.6241，均超过了 4.5，即城中村的本地居民认为普通话"非常有用""非常有社会影响"。而对西安话的评价只是"一般"，均值都在 3.5 左右。可见，自 1956 年国务院发布《关于推广普通话的指示》以来，我国的普通话推广工作取得了巨大的成就，普通话已经在全国范围内发挥着日益重要的作用，而且随着城市化进程的加剧，以及流动人口的迅猛增加，普通话的使用更是达到了前所未有的高度。因此，本地居民认为普通话"非常有用"和"非常有社会影响"也是可以理解的。

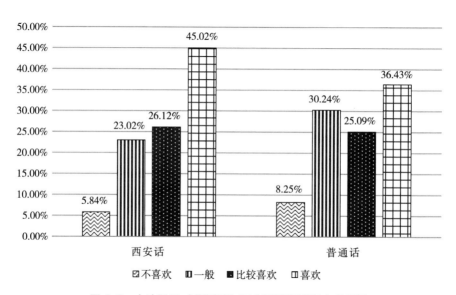

图 4-2　本地居民对普通话和西安话的喜爱程度差异图

（二）本地居民对普通话及西安话的喜爱程度

图 4-2 显示了本地居民对西安话和普通话的不同喜爱程度，因为没有人选择"很不喜欢"一项，所以颜色条只有四种，分别代表"喜欢、比较喜欢、一般、不喜欢"。"不喜欢"普通话的占到被试者的 8.25%，而"不喜欢"西安话的占到 5.84%；"喜欢"普通话的只有 36.43%，加上"比较喜欢"普通话的一共占 61.52%；而"喜欢"西安话的占到 45.02%，加上"比较喜欢"西安话的总共占 71.14%。这样看来，本地居民对西安话的喜

爱程度要普遍高于普通话，也就是说，从情感的角度来看，本地居民还是倾向于方言，这跟上文中本地居民普遍认为西安话更亲切的调查结果一致。

二、本地居民对普通话态度的影响因素

本次调查同样检验了诸如年龄、文化程度、性别、职业、收入、流动取向、学习普通话的起始时间、对自身普通话的期望等社会因素对语言态度的影响，对数据进行多元线性回归检测并筛选"显著性影响因素"后如下表所示：

表 4-1 本地居民对普通话态度的影响因素多元线性回归分析表

模型（Model）	系数（a）（Coefficients^a）				
	未标准化系数（Unstandardized Coefficients）		标准化系数（Standardized Coefficients）	t	显著性（Sig.）
	B 的估计值	标准误（Std. Error）	Beta 分布		
（Constant）	2. 223	. 291		7. 644	. 000
文化程度	. 347	. 058	. 352	6. 004	. 000
年龄	−. 122	. 049	−. 146	−2. 487	. 013
a. 因变量（Dependent Variable）：普通话态度					

表 4-1 根据设定只列出了对普通话态度有显著性影响的因素，也就是 Sig 值（P 值）<0.05 的因素，因为当 Sig>0.05 时，不具有统计学上的意义，其所对应的因素对因变量不具有显著性影响，因此忽略不计，在此只讨论具有显著性影响的因素。

从表 4-1 的标准化系数（Standardized Coefficients）可以看出，"文化程度"对本地居民普通话的态度影响最为显著（. 352 的绝对值最大），而且标

准化系数为正数，说明文化程度跟普通话态度呈正相关，即文化程度越高，对普通话的态度越积极，或者说越喜欢普通话，对普通话的评价也越高。接下来是"年龄"对本地居民普通话态度的影响也较为显著，但年龄与普通话态度呈负相关（-.146 为负数），即年龄越大，对普通话的态度越消极，或者说越不喜欢普通话，对普通话的评价也越低；年龄越小，越喜欢普通话，对普通话的评价也越高。

（一）文化程度对普通话态度的影响

从表 4-1 的多元线性回归分析中可以看出，本地居民的"文化程度"对普通话的语言态度具有显著性影响，其 Sig 值为 0.000<0.05，具体如图 4-3 所示：大专及以上文化程度的本地居民喜欢普通话的高达 99.11%，而不喜欢的只有 4.42%；文化程度小学及以下的本地居民喜欢普通话的只有 4.55%，不喜欢的却高达 80.3%。这两种文化程度的本地居民对普通话的态度形成了强烈的对比：文化程度越高的本地居民越喜欢普通话，对普通话的态度就越积极；相反，文化程度越低的本地居民越不喜欢普通话，对普通话的态度也就越消极。

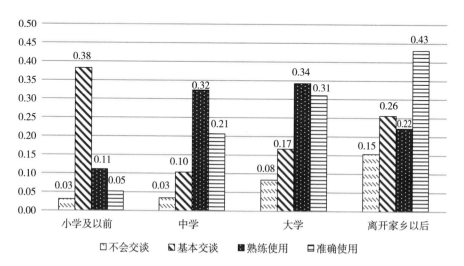

图 4-3 不同文化程度本地居民对普通话态度的差异图

结合上两章的研究成果，文化程度也是城中村本地居民语言使用和语言能力的显著性影响因素。这样看来，文化程度高的本地居民对普通话的使用形成了良性循环，也就是说，文化程度越高的本地居民使用普通话的频率越高，普通话的表述能力也就越强，因此也就越喜欢普通话；反之，文化程度越低的本地居民使用普通话的频率较低，普通话的表述能力也就越低，因此也就越不喜欢普通话，对普通话的态度自然就比较消极。

（二）年龄对普通话态度的影响

从表4-1的影响因素多元线性回归分析中可以得出，"年龄"是另一个本地居民对普通话的语言态度具有显著性影响的因素（Sig 值为 0.013＜0.05＝）。图4-4 清楚地显示出 41 岁以上的本地居民不喜欢普通话的占26.15%，而40 岁以下的不喜欢普通话的人数所占百分比锐减，分别为5.26%（31—40 岁）、2.72%（21—30 岁），到 20 岁及以下的已经变成了零。也就是说，年龄越长的本地居民越不喜欢普通话，随着年龄的降低，不喜欢普通话的人数也随之降低。

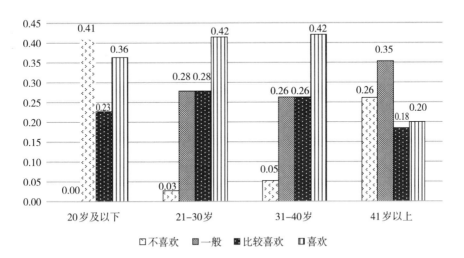

图 4-4　不同年龄本地居民对普通话态度的差异图

图4-4 显示的是，喜欢普通话的本地居民，41 岁以上的占此年龄段人数的20%，40 岁以下到 21 岁的年龄段喜欢普通话的人数所占比例最高，分

别为 42.11%（31—40 岁）、41.50%（21—30 岁），基本上呈现年龄越低越喜欢普通话的趋势。

值得一提的是，41 岁以上的本地居民有 35.38% 的人对普通话感觉一般，也就是说谈不上喜欢，也谈不上不喜欢。根据前两章的调查结果，41 岁以上的本地居民普通话的使用频率最低，不会讲普通话的人数也是 41 岁以上的最多，也就是说，他们既不太会讲普通话，也很少使用普通话，因此他们应该是不喜欢普通话的人数占优势，但结果却是选择"一般"的人数稍占优势。那是因为，从情感上说，他们可能不太喜欢普通话，但是普通话又明显具有较高的社会地位和较大的社会影响，所以他们对普通话的态度有些游离和不明确，说喜欢吧，但情感偏向于方言——西安话；说不喜欢吧，但普通话又非常重要和有影响力，所以犹豫之下，只好选择"一般"中和一下自己的情感。

而对于 20 岁及以下的年轻人来说，不喜欢普通话的人数为零，但喜欢普通话的人数也不占优势，反而是对普通话感觉一般的人数最多，占到 40.91%。根据上两章的研究成果，"年龄"是影响本地居民语言使用和语言能力的显著性因素之一，而且年龄越低普通话的使用频率越高，且普通话的语言能力也越强，因此 20 岁及以下的年轻人应该是使用普通话最频繁、普通话能力最强的人群，对于他们来说，普通话已经成为了日常除对家人以外最常使用的语言，他们对于普通话已经"司空见惯""不以为然"了，所以他们对普通话的情感反而表现出一般。尽管如此，对于 20 岁及以下的人群，"喜欢"（36.36%）和"比较喜欢"（22.73%）普通话的加起来仍然超过了一半（59.09%），因此本地居民的年龄对普通话态度影响的总体趋势还是比较明显的，年龄越大对普通话的态度越消极；反之，年龄越小对普通话的态度越积极，喜爱程度也越高。

三、本地居民对西安话态度的影响因素

根据上文的分析，本地居民认为西安话更亲切、更好听，而普通话则是

更有用、更有社会影响。那么影响本地居民对待西安话态度的显著性因素都有哪些呢？同样，对诸如年龄、文化程度、性别、职业、收入、流动取向、学习普通话的起始时间、对自身普通话的期望等社会因素进行多元线性回归分析，并选取"显著性影响因素"（Sig 值小于 0.05）对数据进行筛选后得到下表：

表 4-2　本地居民对西安话态度的影响因素多元线性回归分析表

系数（a）（Coefficients[a]）					
模型 （Model）	未标准化系数 （Unstandardized Coefficients）		标准化系数 （Standardized Coefficients）	t	显著性 （Sig.）
	B 的估计值	标准误 （Std. Error）	Beta 分布		
常数（Constant）	3.092	.258		11.982	.000
年龄	.101	.053	.119	1.917	.046
学习普通话起始时间	-.111	.049	-.139	-2.241	.026
a. 因变量（Dependent Variable）：西安话态度					

从表 4-2 的标准化系数（Standardized Coefficients）可以看出，"学习普通话起始时间"对本地居民西安话态度影响最为显著（-.139 在两个影响因素中绝对值最大），且与西安话的态度呈负相关（-.139 为负数），即学习普通话时间越早，对西安话的态度越消极，或者说越不喜欢；反之，学习普通话时间越晚，对西安话的态度越积极，越喜欢西安话。

年龄对本地居民西安话态度的影响也较为显著，且与西安话的态度呈正相关（.119 为正数），即年龄越大，越喜欢西安话，对西安话的态度也越积极；年龄越小，越不喜欢西安话，对待西安话的态度也就越消极。

（一）学习普通话起始时间对西安话态度的影响

从上文多元线性回归分析的结果看，"学习普通话起始时间"的因素Sig 值为 0.026（<0.05），说明此因素对本地居民对待西安话的态度具有显

著性影响，具体情况如下图所示：

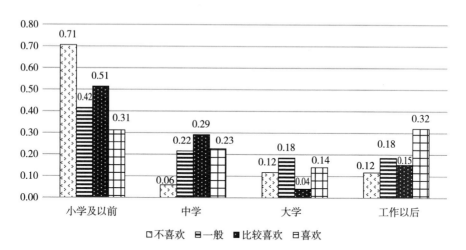

图 4-5　本地居民学习普通话不同起始时间对西安话态度的差异图

根据图 4-5 的数据，小学及以前开始学习普通话的本地居民不喜欢西安话的比例高达 70.59%，而工作以后才开始学习说普通话的不喜欢西安话的人数只占到 11.76%，说明越早开始学习说普通话的本地居民越不喜欢西安话，反之，越晚开始学习说普通话的对西安话越喜爱。

根据上面两章的研究结果，"学习普通话起始时间"分别是本地居民语言使用和语言能力的显著性影响因素，而且呈正相关，即学习普通话时间越早的本地居民普通话的使用频率越高，普通话的表述能力也越强，因此他们的普通话说得也就越好。如果普通话的使用频率越高，那么西安话的使用频率就有所下降；如果普通话的表述能力越强，说得越好，那么他们对待西安话的态度就不会很积极。反之，越晚开始学习说普通话的本地居民，普通话的使用频率越低，普通话的表述能力也越弱，因此他们对于普通话的喜爱会受到影响，转而对西安话的喜爱就会增强。

（二）年龄对西安话态度的影响

根据表 4-2 的多元线性回归检测，"年龄"仅次于"学习普通话起始时间"，是对本地居民西安话态度的显著性影响因素（Sig 值为 0.046<0.05），

具体影响如下图所示：

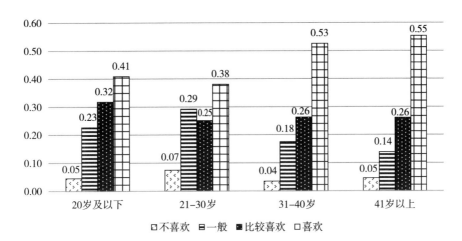

图4-6 不同年龄本地居民对西安话态度的差异图

图4-6按年龄段分组，喜欢西安话的41岁以上的本地居民占到55.38%，31—40岁的占52.63%，21—30岁的占38.10%，而20岁及以下的只有40.91%，说明喜欢西安话的本地居民按照年龄的递减而逐步减少，即年龄越大的本地居民越喜爱西安话，而年龄越小的本地居民越不喜欢西安话。

有意思的是，不喜欢西安话的人数年龄组差别不是很大，而且所占人数比例都较小，分别为4.62%（41岁以上）、3.51%（31—40岁）、7.48%（21—30岁）和4.55%（20岁及以下）。因此，总体看来，本地居民还是比较喜欢自己的母语，只是在喜欢的程度上有所差异，这跟上文调查的结果一致：相比较普通话，喜欢西安话的本地居民更多，同时也有更多的本地居民认为西安话更亲切。

四、本地居民对自身及孩子语言水平的期望

本地居民对普通话和西安话持有不同的语言态度，从总体上看，本地居民在情感上更倾向于西安话，喜爱西安话的人居多；但从理性的角度，更多

的人认为普通话更有用、更具有社会影响力，那么这样的语言态度是否会影响他们对自身及孩子语言水平的期望呢？

（一）本地居民对自身及孩子普通话水平期望的差异

对本地居民来说，普通话比西安话更有用、更具有社会影响力，那么他们对自己以及孩子的普通话水平有什么期望呢？

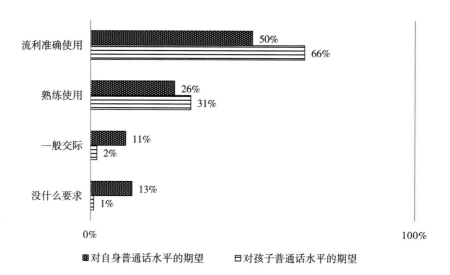

图 4-7　本地居民对自身及孩子普通话水平期望差异图

图 4-7 显示了本地居民对自身及孩子普通话水平的期望：有 50% 的本地居民期望自己的普通话能达到准确流利使用的程度，而高达 66% 的本地居民希望孩子能准确流利地使用普通话；同样，期望孩子能熟练使用普通话的本地居民占 31%，而期望自己熟练使用普通话的只占 26%。反过来，期望孩子只用普通话进行一般交际或对孩子普通话没什么要求的加起来总共只有 3%；而对自身普通话水平能达到一般交际的，或者没什么要求的加起来占到 24%。很显然，城中村的本地居民对孩子或者说下一代的普通话水平的期望远远高于对自身普通话水平的期望。

这个不难理解，随着我国推广普通话的深入，普通话具有越来越高的社会威望和影响力，在选择"希望孩子会说普通话的理由"时，62.19% 的被试选择了"对以后的学习、工作有帮助",其次是"能跟更多的人交往"(32.16%的被试选择了此项)。这说明,普通话作为共同语在全国范围已经得到了广泛的认同和应用,而且在未来会变得越来越重要,所以本地居民即使自己不太会说普通话,但都希望下一代能更好地掌握普通话。

(二)本地居民对自身及孩子普通话水平期望的影响因素

对可能影响本地居民对自身及孩子普通话水平期望的所有社会因素,包括年龄、文化程度、性别、职业、收入、流动取向、学习普通话的起始时间等进行多元线性回归检测,自动筛选显著性影响因素,即所有 Sig 值<0.05的影响因素,如表4-3所示:

表4-3　本地居民对自身及孩子普通话期望程度的影响因素多元回归表

系数（a）（Coefficients[a]）					
模型 （Model）	未标准化系数 （Unstandardized Coefficients）		标准化系数 （Standardized Coefficients）	t	显著性 （Sig.）
	B 的估计值	标准误 （Std. Error）	Beta 分布		
常数（Constant）	2.382	.220		10.818	.000
年龄	-.133	.031	-.234	-4.303	.000
文化程度	.358	.057	.344	6.329	.000
a. 因变量（Dependent Variable）：对自身及孩子普通话水平期望					

从表4-3的标准化系数(Standardized Coefficients)可以看出,"文化程度"对本地居民自身及孩子普通话期望程度影响最为显著(.344的绝对值>-.234),且两者呈正相关(.344为正值),即文化程度越高,对自身及孩子普通话期望程度越高;文化程度越低,对自身及孩子普通话期望程度越低;其次是"年龄"对本地居民自身及孩子普通话期望程度的影响也较为显著,且两者呈负相关(-.234为负值),即年龄越大,对自身及孩子普通

话的水平期望越低；年龄越低，对自身及孩子普通话水平期望越高。

1. 文化程度对自身及孩子普通话水平期望的影响

根据多元线性回归分析（表4-3），本地居民的"文化程度"对自身及孩子普通话水平的期望具有最为显著的影响。具体分析如图4-8所示：图4-8采用选项编号的方法进行统计："1"代表准确流利地使用普通话；"2"代表熟练地使用普通话；"3"代表用普通话进行一般交际；"4"代表对普通话水平没有要求。

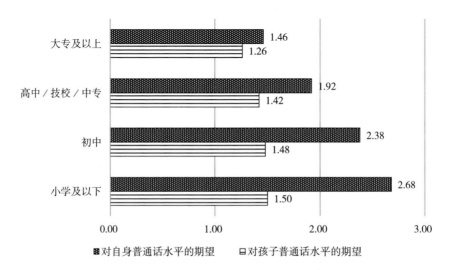

图 4-8　不同文化程度本地居民对自身及孩子普通话水平期望的差异图

不同文化程度的本地居民对自身普通话水平的期望不同，"大专及以上"文化程度的本地居民对自身普通话水平的期望值为"1.46"，表明期望自己能准确流利地使用普通话；"高中/技校/中专"以及"初中"文化程度的本地居民对自身普通话水平的期望值分别为"1.92"和"2.38"，表明他们期望自己能熟练地使用普通话；"小学及以下"文化程度的本地居民对自身普通话水平的期望值为"2.68"，表明期望自己能用普通话进行一般交际就可以了。这一趋势清晰地显示出，文化程度与自身普通话水平期望呈正相关，即文化程度越高对自身普通话水平期望越高；文化程度越低，对自身普通话水平期望越低。

不同文化程度的本地居民对孩子普通话水平的期望不同，虽然整体趋势也是呈正相关，即文化程度越高对孩子普通话水平期望越高；文化程度越低，对孩子普通话水平期望越低，但不同文化程度之间的差距不大，期望值都分布在"1—1.5"之间。也就是说，不管文化程度如何，本地居民基本都希望自己的下一代能够准确流利地使用普通话。

总体看来，本地居民对下一代的普通话水平的期望值要高于对自身的普通话水平期望值。特别是文化程度低的本地居民，尤其希望孩子的普通话水平要比自己高。

2. 年龄对自身及孩子普通话水平期望的影响

本地居民的"年龄"是仅次于"文化程度"的对自身及孩子普通话水平期望的显著性影响因素，具体影响见图4-9：41岁以上的本地居民对自身普通话水平的期望值为2.83，即能够用普通话进行一般交际；21—40岁的本地居民对自身普通话水平的期望值在1.50—2.00之间，即能够熟练使用普通话；20岁及以下的本地居民对自身普通话的期望值为1.36，即准确流利地使用普通话。可见，年龄越低的本地居民对自身普通话水平的期望值越高。

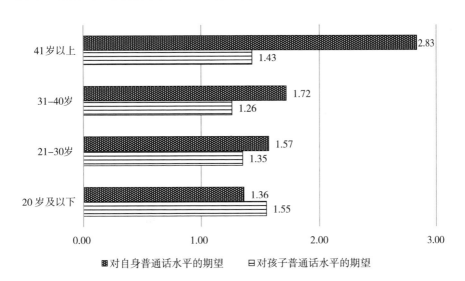

图4-9　不同年龄本地居民对自身及孩子普通话水平期望的差异图

不同年龄的本地居民对孩子普通话水平的期望值不同。根据图中的数据，不同年龄段的本地居民对孩子普通话水平的期望值大都集中在 1.00—1.50 之间，也就是能够准确流利地使用普通话。显然，不管对自己的普通话期望如何，但在对待孩子普通话的问题上，各年龄段基本一致，都希望下一代的普通话水平比自己的好，且能达到最高一级。

值得一提的是，只有 20 岁及以下的本地居民对自身普通话的期望值高于对下一代的普通话期望值。首先，20 岁及以下的本地居民自己就是"孩子"，他们正处于受教育或刚刚工作的阶段，普通话对他们来说，是与别人沟通交流的重要工具，对自己的学习及工作非常有用，因此他们首先对自己的普通话有着很高的要求跟期望；其次，他们对下一代普通话的要求只是假设，因为他们都还没有结婚生子，下一代的问题对他们来说还很遥远，还没有认真地考虑过，所以不排除他们在回答这个问题时比较随意，没有认真对待，因此得出的结果跟其他年龄段的结果不太一致。

（三）本地居民对孩子西安话与普通话期望的差异

从上文的分析可以看出，城中村的本地居民对孩子或者说下一代普通话水平的期望值很高，要能够达到最高一级的标准，即准确流利地使用普通话。那么他们在期望孩子达到很高的普通话水平的同时，是否也希望孩子保持当地方言——西安话呢？

图 4-10 对比了本地居民对孩子保持西安话跟普通话的态度差异，从图中可以清楚地看到，在"必须保持"这一栏中，普通话占了明显的上风，66.32% 的本地居民希望孩子必须会说普通话，超过了半数，而只有 20.62% 的本地居民希望孩子必须会说西安话；在"希望保持"一栏中，西安话占了优势，超过半数的本地居民（52.92%）还是希望孩子会说西安话，而希望保持普通话的只有 31.27%；"无所谓"和"不希望保持"两栏加起来，只有 2.4% 的本地居民对普通话持有这两种态度，而对西安话持有这两种态度占到 26.46%。也就是说，大部分的本地居民希望孩子必须会说普通话，但同时也希望他们能保持西安话，不要忘了自己的方言。

在希望自己的孩子保持西安话的原因里，46.95% 的被试者认为"有利于

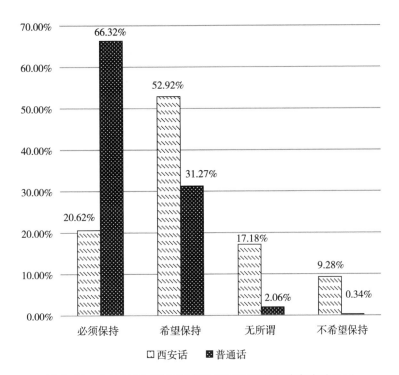

图 4-10 本地居民对孩子保持西安话和普通话的态度差异图

继承和保留地方文化", 36.15% 的被试者认为"便于跟家乡人沟通", 还有 16.43% 的人认为保留方言可以"不忘自己的根"。而不希望孩子保持说西安话的理由主要是因为西安话"没有实用价值", 近一半的被试者 (40.74%) 是这样认为的, 而有 33.33% 的本地居民被试者认为保持说西安话"可能被认为土气", 另外有 22.22% 的本地居民认为, 说西安话"可能被认为没文化", 看来说普通话已经被看作有文化、有教养的象征了, 也难怪本地居民对孩子普通话水平的要求要远远高于对自身普通话水平的要求。

五、外来人员的语言态度

(一) 外来人员对普通话、家乡话及西安话的评价

本次研究同样从"好听、亲切、有用和社会影响"四个方面调查了西

安市北山门口村的外来人员分别对普通话、家乡话和西安话的评价。均值（Mean）计分与本地居民相同，统计结果见图4-11：

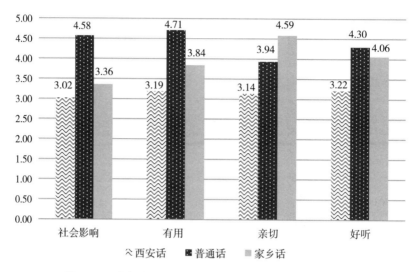

图4-11　外来人员对普通话、家乡话和西安话评价差异图

先看图4-11中外来人员对普通话和家乡话的评价，跟本地居民相同，外来人员同样也认为普通话最具有社会影响力（均值为4.576，超过了4.5），同时普通话也是最有用的（均值为4.7143）。外来人员也跟本地居民相同，认为自己的家乡话最亲切，外来人员家乡话的亲切均值（4.5853）甚至超过了本地居民西安话的亲切均值（4.2828），充分说明身在异乡的外地人更加觉得乡音亲切、可贵。同样，虽然外来人员觉得家乡话亲切，但还是觉得普通话更好听一些，这也是人们共同拥有的对普通话高变体"仰视"的态度决定的。

另外，外来人员对西安话的评价好像比较随意，大多数人选的都是"一般"，访谈的时候也发现，外来人员虽然在西安生活多年，但大多都不会说西安话，尤其是家乡方言跟西安方言差距比较大的外来人员，有的在西安已经生活了几十年，但仍然不会说西安话，所以他们对西安话没有感性的认识。同时普通话可以作为他们交流的工具，所以即使不会说西安话也不会影响他们在西安的生活，因此他们对西安话也没有理性的认识，这些决定了他们对西安话的态度是模糊的、不明确的，干脆都选"一般"了之。

（二）外来人员对普通话及家乡话的喜爱程度

图 4-12 显示了外来人员对于家乡话和普通话的不同喜爱程度。跟本地居民类似，外来人员最喜欢的也是家乡话，达到 66.82%，甚至超过了本地居民喜欢西安话的人数比例（45.02%），可能是身在异乡更加怀念乡音的缘故。同样，外来人员喜欢普通话的比例（44.24%）也超过了本地居民（36.43%），因为外来人员在西安，不会说西安话，他们只能用普通话与人交流沟通，因此他们比西安本地居民更依赖普通话。

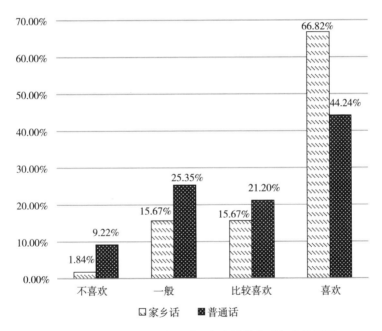

图 4-12　外来人员对普通话和家乡话的喜爱程度差异图

从情感的角度来看，家乡话是外来人员与亲人说话的语言，对于身在异乡的外来人员，家乡话也是他们群体身份认同的语言标志。而普通话是与外人说话的语言，因此外来人员对家乡话的喜爱程度要高于普通话，同时他们也认为自己的家乡话更亲切。

六、外来人员对普通话态度的影响因素

本次调查对外来人员检验了年龄、文化程度、性别、职业、收入、居住时间、流动取向、学习普通话的起始时间、对自身普通话的期望等社会因素对语言态度的影响，对数据进行多元线性回归检测并筛选显著性影响因素后发现，在九个社会因素中，只有"文化程度"和"年龄"对外来人员普通话态度具有显著性的影响，具体如表4-4所示：

表4-4　外来人员对普通话态度的影响因素多元线性回归分析表

系数（a）（Coefficients[a]）				
模型 （Model）	未标准化系数 （Unstandardized Coefficients）		标准化系数 （Standardized Coefficients）	t	显著性 （Sig.）
	B 的估计值	标准误 （Std. Error）	Beta 分布		
常数（Constant）	2.270	.393		5.776	.000
文化程度	.194	.073	.197	2.653	.009
年龄	-.169	.078	-.182	-2.586	.013
a. 因变量（Dependent Variable）：普通话态度					

从表4-4的标准化系数（Standardized Coefficients）可以看出，"文化程度"对外来人员普通话态度的影响最为显著（.197的绝对值最大），其次是"年龄"（-.182）。在这两个显著性影响因素中，文化程度的标准化系数为正数，说明文化程度与普通话的态度呈正相关：文化程度越高的外来人员对普通话的态度越积极或者说越喜爱，文化程度越低的外来人员对普通话的态度越消极或者说越不喜爱；而年龄的标准化系数为负数，说明年龄与普通话的喜爱程度呈负相关：年龄越大的外来人员越不喜欢普通话，对普通话的态

度越消极，年龄越小的外来人员越喜欢普通话，对普通话的态度也越积极。

（一）文化程度对普通话态度的影响

从表4-4的多元线性回归分析中可以看出，外来人员的"文化程度"对普通话语言态度的影响最为显著，具体如图4-13所示：图中显示，大专及以上文化程度的外来人员喜欢普通话的比例为55.36%，而小学及以下文化程度的外来人员喜欢普通话的比例只有26.32%，随着文化程度的降低，喜欢普通话的人数比例也在逐渐降低，说明文化程度越高的外来人员越喜欢普通话。反之，不喜欢普通话的人群中，随着文化程度的降低，人数比例反而在上升，说明文化程度越低的外来人员越不喜欢普通话；相反，文化程度越高的外来人员也就越喜欢普通话。也就是说，"文化程度"与外来人员对普通话的态度呈正相关。

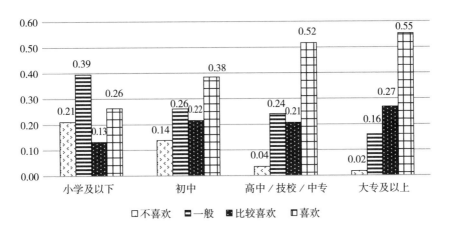

图4-13　不同文化程度外来人员对普通话态度的差异图

前两章的研究证实，文化程度越高的外来人员使用普通话的频率也越高，相应地其普通话的能力也就强，因此他们对待普通话的态度也就越积极；相反，文化程度低的外来人员不太会说普通话，使用普通话的频率也就越低，这样他们的普通话能力就相对较弱，因此对普通话的态度也就越不积极。

（二）年龄对普通话态度的影响

从表4-4的显著性影响因素分析中可以得出，"年龄"也是外来人员对普通话的语言态度具有显著性影响的因素之一，具体分布如图4-14：

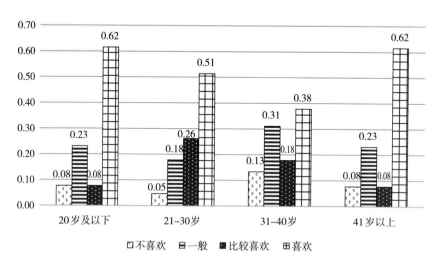

图4-14　不同年龄外来人员对普通话态度的差异图

喜欢普通话的外来人员中，20岁及以下的人群占61.54%，21—30岁的人群占51.4%，31—40岁的人群占37.78%，41岁以上的人群占30.77%，随着年龄的递增，喜欢普通话的人群比例呈现递减的趋势。与之相反，随着年龄的递增，不喜欢普通话的人群比例呈现递增的趋势：30岁以下的人群只占12.36%，而31岁以上的占到28.71%。

比较喜欢普通话的人群比例有些特殊，21—30岁的人群所占比例最高，而不是20岁及以下的人群，其原因可能是被试者对"比较喜欢"的尺度不好把握，选择起来由于个人理解的程度不同结果可能稍有偏差，但如果把"比较喜欢"和"喜欢"的人群加起来，那么趋势更加明显，即年龄越大的外来人员越不喜欢普通话；年龄越小的外来人员对普通话的喜爱程度越高。

七、外来人员对家乡话态度的影响因素

根据上文的分析，外来人员虽然认为普通话更有用、更有社会影响，但从情感的角度却更倾向于自己的家乡话，认为家乡话更亲切，也更喜爱家乡话。那么影响外来人员对待家乡话态度的显著性影响因素有哪些呢？同样，对诸如年龄、文化程度、性别、职业、收入、居住时间、流动取向、学习普通话的起始时间、对自身普通话的期望等社会因素进行多元线性回归检测，并选取"显著性影响因素"对数据进行筛选后得到下表：

表4-5　外来人员对家乡话态度的影响因素多元线性回归分析表

系数（a）（Coefficients[a]）					
模型 （Model）	未标准化系数 （Unstandardized Coefficients）		标准化系数 （Standardized Coefficients）	t	显著性 （Sig.）
	B 的估计值	标准误 （Std. Error）	Beta 分布		
常数（Constant）	3.827	.148		25.873	.000
文化程度	−.136	.053	−.174	−2.584	.010
年龄	.117	.078	.129	3.391	.000
a. 因变量（Dependent Variable）：家乡话态度					

从表4-5的标准化系数（Standardized Coefficients）可以看出，"文化程度"是外来人员对家乡话态度的最为显著的影响因素（−.174 在两个影响因素中绝对值最大），且与家乡话的态度呈负相关（−.174 为负数），即文化程度越高的外来人员，对家乡话的态度越消极，或者说越不喜欢；文化程度越低的外来人员反而对家乡话的态度越积极，越喜欢家乡话。

其次是"年龄"，对外来人员家乡话态度的影响也较为显著，且与家乡话的态度呈正相关（.129 为正数），即年龄越大的外来人员越喜欢家乡话，对家乡话的态度也越积极；年龄越小的外来人员越不喜欢家乡话，对家乡话的态度也就越消极。

（一）文化程度对家乡话态度的影响

从表 4-5 的多元线性回归分析的结果看，外来人员"文化程度"的 Sig 值为 .010（<0.05），说明此因素对外来人员对待家乡话的态度具有显著性影响，具体情况如图 4-15 所示：

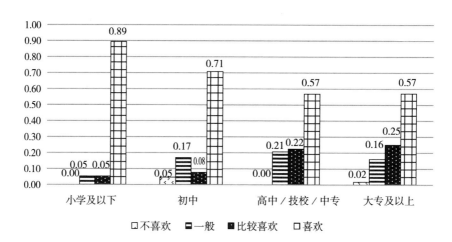

图 4-15　不同文化程度外来人员对家乡话态度的差异图

鉴于被试者个人对于"喜欢"和"比较喜欢"的程度把握有所不同，因此把上图中的"喜欢"和"比较喜欢"放在一起来考察，都归为对待家乡话的态度比较积极一类，这样小学及以下文化程度的外来人员喜欢和比较喜欢家乡话的比例高达 94.73%，而大专及以上文化程度的外来人员喜欢和比较喜欢家乡话的比例降到 82.14%，整体呈现下降的趋势；同样把"不喜欢"家乡话的和认为家乡话"一般"的人群都归为对待家乡话的态度较为消极一类，这样小学及以下文化程度的外来人员对待家乡话态度消极的占 5.26%，大专及以上文化程度的上升到 17.86%，整体呈现上升的趋势。据此，可以看出"文化程度"与外来人员对待家乡话的态度成反比关系：文化程度越高的外来人员对待家乡话的态度越消极；反之，文化程度越低的外来人员对待家乡话的态度越积极。

（二）年龄对家乡话态度的影响

根据表4-5的多元线性回归分析，年龄是仅次于文化程度对外来人员家乡话态度的显著性影响因素之一，具体影响如图4-16所示：

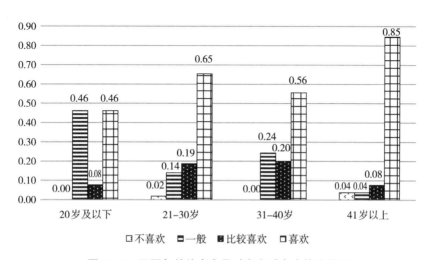

图4-16　不同年龄外来人员对家乡话态度的差异图

同样把"喜欢"和"比较喜欢"家乡话的外来人员合并考察，归为对待家乡话态度积极的一类，这样41岁以上的外来人员对待家乡话态度积极的占到92.31%，而20岁及以下的下降到53.84%，说明对待家乡话态度积极的外来人员按照年龄的递减而逐步减少。把"不喜欢"家乡话的和认为家乡话"一般"的归为对待家乡话态度消极的一类，据此41岁以上的外来人员占7.7%，而20岁及以下的占到46.15%，说明对待家乡话态度消极的外来人员随着年龄的递减而逐步增加。因此可以验证这样一个整体趋势："年龄"与外来人员对待家乡话的态度成正比关系，年龄越大的外来人员对待家乡话的态度越积极；年龄越小的外来人员对待家乡话的态度越消极。

八、外来人员对自身及孩子语言水平的期望

外来人员对普通话和家乡话持有不同的语言态度，从总体上看，外来人员在情感上更倾向于家乡话，喜爱家乡话的人居多，但从理性的角度，更多的人认为普通话更有用、更具有社会影响力，那么这样的语言态度是否会影响他们对自身及孩子语言水平的期望呢？

（一）外来人员对自身及孩子普通话水平期望的差异

对外来人员来说，他们身在异乡，普通话比家乡话更有用、更具有社会影响力，那么他们对自己以及孩子的普通话水平有什么期望呢？

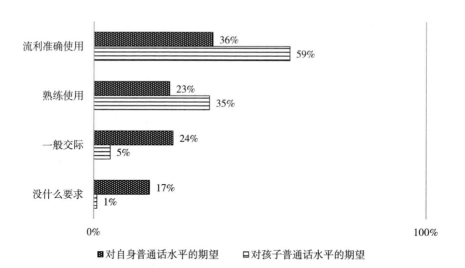

图 4-17　外来人员对自身及孩子普通话水平期望差异图

图 4-17 显示了外来人员对自身及孩子普通话水平的期望：有 36% 的外来人员期望自己的普通话能达到准确流利使用的程度，而高达 59% 的外来人员希望孩子能准确流利地使用普通话；同样，期望孩子能熟练使用普通话的外来人员占 35%，而期望自己熟练使用普通话的只占 23%。反过来，期

望孩子只用普通话进行一般交际或对孩子普通话没什么要求的加起来总共只有6%；而对自身普通话水平能达到一般交际的，或者没什么要求的加起来占到41%。很显然，外来人员对孩子或者说下一代的普通话水平的期望远远高于对自身普通话水平的期望。

　　这个结果跟本地居民是一样的，可见普通话在我国已经具有越来越高的社会威望和影响力。在选择"希望孩子会说普通话的理由"时，68.37%的外来人员被试者选择了"对以后的学习、工作有帮助"，其次是"能跟更多的人交往"（26.98%的被试者选择了此项）。无论是本地居民还是外来人员，不管自己的普通话水平如何，大都希望下一代能更好地掌握普通话。这说明，普通话作为共同语在全国范围已经得到了广泛的认同和应用，而且在未来会变得越来越重要。

（二）外来人员对自身及孩子普通话水平期望的影响因素

　　对影响外来人员对自身及孩子普通话水平期望的所有社会因素，包括年龄、文化程度、性别、职业、收入、居住时间、流动取向、学习普通话的起始时间等进行多元线性回归检测，自动筛选显著性影响因素后（即所有 Sig 值<0.05 的影响因素）如表 4-6 所示：

表 4-6　外来人员对自身及孩子普通话期望程度的影响因素多元线性回归分析表

系数（a）（Coefficients[a]）					
模型（Model）	未标准化系数（Unstandardized Coefficients）		标准化系数（Standardized Coefficients）	t	显著性（Sig.）
	B 的估计值	标准误（Std. Error）	Beta 分布		
常数（Constant）	1.810	.382		4.734	.000
文化程度	.248	.074	.234	3.357	.001
年龄	-.399	.085	-.327	-4.712	.000
a. 因变量（Dependent Variable）：对自身普通话的水平期望					

从表 4-6 的标准化系数（Standardized Coefficients）可以看出，"年龄"是外来人员对自身及孩子普通话期望程度最为显著的影响因素（-.327 的绝对值最大），且两者呈负相关（-.327 是负数），即年龄越大，对自身及孩子的普通话程度期望值越低；年龄越小，对自身及孩子的普通话程度期望值越高。

其次是"文化程度"，对外来人员对自身及孩子普通话期望程度的影响也较为显著，且两者呈正相关（.234 是正数），即文化程度越高，对自身及孩子的普通话水平期望越高；文化程度越低，对自身及孩子的普通话水平期望越低。

1. 文化程度对自身及孩子普通话水平期望的影响

根据多元线性回归分析，外来人员的"文化程度"对自身及孩子普通话水平期望的影响最为显著。

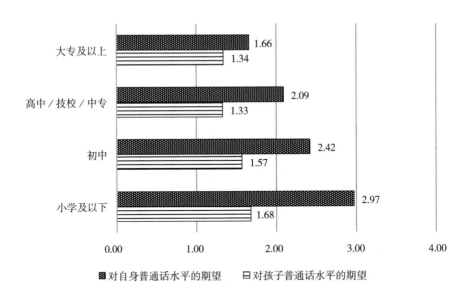

图 4-18　不同文化程度外来人员对自身及孩子普通话水平期望的差异图

图 4-18 采用选项编号的方法进行统计："1"代表准确流利地使用普通话；"2"代表熟练地使用普通话；"3"代表用普通话进行一般交际；"4"代表对普通话水平没有要求。

不同文化程度的外来人员对自身普通话水平的期望，"大专及以上"文化程度的外来人员对自身普通话水平的期望值为"1.66"，表明期望自己能准确流利地使用普通话；"高中/技校/中专"以及"初中"文化程度的外来人员对自身普通话水平的期望值分别为"2.09"和"2.42"，表明他们期望自己能熟练地使用普通话；"小学及以下"文化程度的本地居民对自身普通话水平的期望值为"2.97"，表明期望自己能用普通话进行一般交际就可以了。这一趋势清晰地显示出了，文化程度与自身普通话水平期望的正相关关系，即文化程度越高对自身普通话水平期望越高；文化程度越低，对自身普通话水平期望越低。

不同文化程度的外来人员对孩子普通话水平的期望，虽然整体趋势也是呈正相关，但不同文化程度之间的差距不大，期望值都分布在"1.34—1.68"之间。也就是说，不管文化程度如何，本地居民基本都希望自己的下一代能够准确流利地使用普通话。

总体看来，外来人员对下一代的普通话水平的期望值要高于对自身的普通话水平期望值。

2. 年龄对自身及孩子普通话水平期望的影响

外来人员的年龄是仅次于文化程度的对自身及孩子普通话水平期望的显著性影响因素，具体影响见图4-19。不同年龄的外来人员对自身普通话水平的期望值不同：41岁以上的外来人员对自身普通话水平的期望值为2.94，即能够用普通话进行一般交际；21—40岁的外来人员对自身普通话水平的期望值在1.87—2.51之间，即能够较熟练地使用普通话；20岁及以下的本地居民对自身普通话的期望值为1.38，即能够准确流利地使用普通话。可见，年龄越高的外来人员对自身普通话水平期望值越低，相反，年龄越低的对自身普通话水平的期望值越高。

不同年龄的外来人员对孩子普通话水平的期望值不同。根据图中的数据，不同年龄段的外来人员对孩子普通话水平的期望值大都集中在1.40—1.58之间，也就是能够准确流利地使用普通话。显然，不管对自己的普通话期望如何，但在对待孩子普通话的问题上，各年龄段基本一致，都希望下一代的普通话水平比自己的好，且能达到最高一级的准确流利地使用。

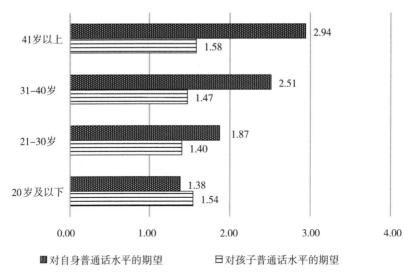

图4-19 不同年龄外来人员对自身及孩子普通话水平期望的差异图

值得一提的是，跟本地居民相似，只有 20 岁及以下的外来人员对自身普通话的期望值高于对下一代的普通话期望值，原因也跟本地居民类似，即 20 岁及以下的自己本身就是"孩子"，他们正处于受教育或刚刚工作的阶段，普通话对他们来说，是与别人沟通交流的重要工具，对自己的学习及工作非常有用，因此他们首先对自己的普通话有着很高的要求跟期望；其次，他们对下一代普通话的要求大多只是假设，因为他们大部分都还没有结婚生子，下一代的问题对他们来说还很遥远，还没有认真地考虑过，所以不排除他们在回答这个问题时比较随意，没有认真对待，因此得出的结果跟其他年龄段的结果不太一致。

（三）外来人员对孩子家乡话与普通话期望的差异

从上文的分析可以看出，外来人员对孩子或者说下一代普通话水平的期望值很高，要能够达到最高一级的标准，即准确流利地使用普通话。那么他们在期望孩子达到很高的普通话水平的同时，是否也希望孩子保持自己的家乡话呢？

图 4-20 对比了外来人员对孩子保持家乡话跟普通话的态度差异，从图

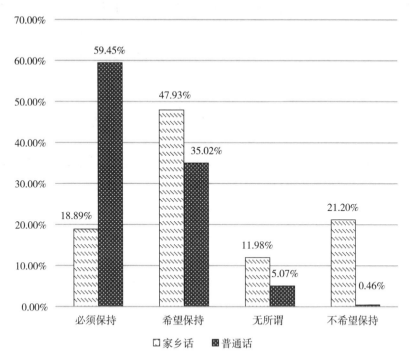

图4-20　外来人员对孩子保持家乡话和普通话的态度差异图

中可以清楚地看到，在"必须保持"这一栏中，普通话占了明显的上风，59.45%的外来人员希望孩子必须会说普通话，而只有18.89%的外来人员希望孩子必须会说家乡话；在"希望保持"一栏中，家乡话占了优势，接近半数的外来人员（47.93%）还是希望孩子会说家乡话，而希望保持普通话的只有35.02%；"无所谓"和"不希望保持"两栏加起来，只有5.53%的外来人员对普通话持有这两种态度，而对家乡话持有这两种态度占到33.18%。也就是说，大部分的外来人员希望孩子必须会说普通话，但同时也希望他们能保持家乡话，不要忘了自己的方言。

　　在希望自己的孩子保持家乡话的原因里，35.95%的被试者认为"便于跟家乡人沟通"，33.33%的被试者认为"有利于继承和保留地方文化"，其次还有29.41%的外来人员认为保留方言可以"不忘自己的根"。而不希望孩子保持说家乡话的理由主要是因为家乡话"没有实用价值"，超过半数的外来人员被试者（65.12%）选择了这一项，而有23.26%的被试者认为保持说家乡话"可能被认为土气",另外有 6.98%的外来人员认为说家乡话"可能被认为没文化"。

九、小 结

本章考察了城中村的本地居民和外来人员对待语言的态度,包括对待普通话、西安话和家乡话的评价以及不同的喜爱程度,同时考察了本地居民和外来人员对自身及孩子普通话、西安话和家乡话水平的期望,以及造成不同语言态度的显著性影响因素,并得出以下结论:

(1)城中村本地居民和外来人员对普通话的评价都是"好听、有用、有社会影响",而对西安话和家乡话的评价是"亲切"。

(2)城中村本地居民和外来人员从情感的角度更倾向于西安话和家乡话,对西安话和家乡话的喜爱程度均高于普通话。

(3)无论是城中村的本地居民还是外来人员,文化程度和年龄都是两个影响普通话态度的显著性因素:文化程度越高,对普通话的态度越积极,也就是说越喜欢普通话,对普通话的评价也越高;文化程度越低,越不喜欢普通话,对普通话的评价也越低。年龄越大,对普通话的态度越消极,或者说越不喜欢普通话,对普通话的评价也越低;年龄越小,越喜欢普通话,对普通话的评价也越高。

(4)城中村本地居民"学习普通话起始时间"和"年龄"是影响他们对西安话态度的两大显著性影响因素:学习普通话时间越早,对西安话的态度越消极,或者说越不喜欢西安话;反之,学习普通话时间越晚,对西安话的态度越积极,越喜欢西安话。年龄越大,越喜欢西安话,对西安话的态度也越积极;年龄越小,越不喜欢西安话,对待西安话的态度也就越消极。

而对于外来人员,仍然是"文化程度"和"年龄"是影响对家乡话态度的显著性影响因素:文化程度越高的外来人员,对家乡话的态度越消极,或者说越不喜欢;文化程度越低的外来人员反而对家乡话的态度越积极,越喜欢家乡话。年龄越大的外来人员越喜欢家乡话，对家乡话的态度也越积极；年龄越小的外来人员越不喜欢家乡话，对家乡话的态度也就越消极。

（5）无论是城中村的本地居民还是外来人员对孩子或者说下一代的普通话水平的期望都远远高于对自身普通话水平的期望。他们大多希望孩子能准确流利地使用普通话，这样"对以后的学习、工作有帮助"，并且能"跟更多的人交往"。

文化程度和年龄是对本地居民和外来人员自身及孩子普通话期望程度影响最为显著的两个因素：文化程度越高，对自身及孩子普通话期望程度越高；文化程度越低，对自身及孩子普通话期望程度越低；年龄越大，对自身及孩子普通话的水平期望越低；年龄越小，对自身及孩子普通话水平期望越高。

（6）城中村的本地居民和外来人员绝大多数都希望孩子必须会说普通话，但同时也希望他们能保持西安话和家乡话，"不要忘了自己的根"，同时也"便于跟家乡人沟通"，"有利于继承和保留地方文化"。

第五章　西安市城中村居民的语言变化趋势

一、西安市城中村居民语言变化的研究方法

（一）方言学与社会语言学的关系

针对西安市城中村居民的语言变化研究，采用方言学与社会语言学研究方法的结合。现代方言学与社会语言学都研究社会生活中实际使用的语言及语言的变体及其历史演变，只不过一个研究的是地域变体，另一个研究的是社会变体。但从时间的先后顺序上说，社会语言学仅诞生于 20 世纪 60 年代，而现代方言学的诞生要早得多。我国早在汉代就诞生了扬雄的《方言》，直到清末民初章太炎的《新方言》，都属于传统语文学的研究范畴，其研究目的在于用当今的方言诠释古代典籍，或用古文献的资料解释今天的方言。汉语现代方言学的研究启蒙于 19 世纪中期，纷至沓来的西方传教士利用西方当代语言学的理论和方法记录、整理、分析汉语方言，包括语音、词汇和句法，甚至还进行方言的比较和分类。传教士记录方言的最初目的是为了学习汉语，便于沟通和传教。

中国真正现代方言学的建立是以赵元任先生的《现代吴语的研究》（1928 年）为标志的。西洋传教士的研究工作和中国学者的描写方言学，虽然在时间的先后上有相衔接的关系，但是后者并没有直接继承前者研究成果的明显迹象，中国学者是另起炉灶重新研究各地方言的。早期现代学者如林语堂、罗常培等人也曾注意到西洋传教士的成绩，并且撰有专文介绍。不过也许他们认为传教士只是准方言学家而已，至多只是将传教士的记录作为一

种参照系罢了。

中国学者对汉语方言的描写从一开始就与西方的描写语言学大相径庭。西方描写语言学是以统一的国际音标记录语音，而中国方言描写的调查字音的表格是根据中古切韵音系的标准制定的，分析和归纳音类也都依据中古切韵音系的名目。从设计调查表格，到归纳声韵调系统、整理调查报告，从方言之间的互相比较，到构拟方言的较古阶段，都要借助传统音韵学知识，都离不开中古的切韵系统。方言研究的全过程几乎都跟历史语言学牵连。中国的描写方言学实际上是西方描写语言学和汉语历史音韵学相结合的产物。①

广义的西方方言学史似应包括三个阶段，即欧洲的方言地理学、北美的描写方言学和社会语言学。狭义的西方方言学只是指 19 世纪末期欧洲兴起的方言学和北美描写语言学，以及后来以此为规范所进行的调查和研究。社会语言学大大地改变了方言学家的作用。方言学家不再仅仅只是公布他的材料，而是注意将他们的材料与社会发展相联系，并且从中探讨理论问题。社会语言学革新了方言学只研究地域方言的传统，将研究旨趣转向社会方言，例如城市方言的社会层次分层研究。②

1. 方言学与社会语言学的差异

可以说社会语言学中的语言社会变体的研究是从方言学的语言地域变体的研究中发展起来的，但方言学与社会语言学无论从语言观、研究内容以及研究方法上都有所不同：

（1）语言观的不同。方言学属于描写语言学的范畴，其旨趣是描写共时的同质（homogeneity）的语言。描写语言学认为语言是同质有序的，即一种语言或方言的系统内部是一致的，在同一个语言社区里，所有的人群在所有的场合，他们所使用的语言或方言的标准是统一的，而其结构和演变是有规律的。社会语言学的旨趣是研究共时的异质（heterogeneity）的语言，并认为语言是异质有序的，即一种语言或方言的系统内部是不一致的，会因

---

① 游汝杰、邹嘉彦：《社会语言学教程》，复旦大学出版社 2004 年版，第 4—5 页。
② 游汝杰：《汉语方言学的现状和愿景》，《暨南学报》（哲学社会科学版）2005 年第 5 期。

人群、因场合而异，不同的阶层有不同的标准，内部是有差异的，但其结构和演变仍然是有规律的，并试图通过研究语言变异与各种社会因素的相互关系，以及异体扩散的社会机制，从共时的语言变异中，去研究历时的语言演变规律，最终建立语言演变理论。

（2）研究内容的不同。方言学从描写语言学的立场出发，调查一种方言的时候，要求尽可能地全面记录这种方言，从而归纳方言的音位、声韵调系统、词汇等，目的是描绘这种方言系统的全貌。社会语言学并不以全面描写方言系统为己任，而是从单个的语言变项入手研究语言变异，从而探索语言的层化特征，建立层化模型。

（3）研究方法的不同。方言学家和社会语言学家都采用实地调查的方法，但是因为研究旨趣和理论基础不同，所以具体做法也大相径庭，主要体现在"被试的选择"和"语料的收集"这两个方面。

① 被试的选择：著名社会语言学家钱伯斯（Chambers）和特鲁杰（Trudgill）曾对西方大大小小的方言调查进行总结后发现，无论文化、政治、经济和地形有多么不一致，被选中的大多数都是由非流动的（nonmobile）、年老的（older）、农村的（rural）男性（males）构成。为了便于指称此类被试者，他们使用缩略语 NORM 来指称此类被试者。[①] "英语方言调查"的策划人之一 Orton 说过，"选择被试要特别小心。他们很少在 60 岁以下。他们绝大多数都为男性：在这个国家男性比女性更频繁地、更一贯地，并且更忠诚地使用方言。"[②]

西方方言学者之所以如此钟情于 NORM，无非是认为他们才是当地方言最权威的代表者，只有通过对这类人群的调查，才能获得一个地方原汁原味的"方音"。强调"非流动"，是为了保持被试的言语具有所在地的特色；强调"年老"，是为了了解一个过去时代的言语；强调"农村"，是因为城

① J. K. Chamber, P. Trudgill, *Dialectology*, Peking：Peking University Press, 2002, p. 29.

② H. Orton, *Survey of English Dialects：Introduction*, Leeds：E, J. Arnorld & Son, 1962, p. 15.

市具有太多的流动性；强调"男性"，则是因为在绝大多数西方国家，人们一般认为女性的言语比男性更具有自我意识和阶层意识，即女性比男性更有可能说语言中的标准形式。①

我国方言调查在被试者的选择上基本上也是遵循 NORM 的标准。游汝杰对于汉语方言调查中"理想的发音合作人"应具有的几个理想条件进行了这样的总结：②

> a. 本地方言是他（或她，下同）的母语。父母双亲都是本地人。他一直住在本地，或只是成年后短期离开过本地。
> b. 他应该是中年人，最好是老年人。
> c. 他应该受过中等以上教育。
> d. 他的发音器官健康正常，没有影响发音的缺陷。
> e. 他最好是一个喜欢谈天说地并且熟悉地方文化的人。

与西方强调被试者为男性略有不同的是，我国的方言调查虽然大部分的发音合作人为男性，但也有个别的为女性。关于第（c）条，也有学者认为"受教育程度不必高，识字即可"。③ 为什么我国方言调查的发音合作人要求至少要识字呢？这是因为我国的方言调查是通过让发音合作人读整理好的《方言调查字表》中的字来获得语料的，而且现行的《方言调查字表》为了照顾古音的音韵条目还收了不少生僻字，如果发音合作人没有受过教育不识字，那么就没法读字表上的字，调查也就没有办法进行下去。

那么东西方方言学在被试的选择上为什么都倾向于 NORM 的标准呢？这与现代方言学脱胎于历史语言学不无关系。19 世纪后半期，西方历史语言学家们开始觉察到，在方言中，保留下来了民族语言中业已消失的比较古

---

① J. K. Chamber, P. Trudgill, *Dialectology*, Peking：Peking University Press, 2002, p. 30.
② 游汝杰：《汉语方言学导论》，上海教育出版社 1992 年版，第 19—20 页。
③ 顾黔、石汝杰：《汉语方言词汇调查手册》，中华书局 2006 年版，第 1 页。

老的形式、词或语音阶段，他们可以从这里为语言的历史发展线索找到证据，而如果没有方言学，这一切线索就会成为纯粹的推测。可见，方言学一开始只是历史语言学寻找线索和证据的一种手段，其研究兴趣主要是历史的，即使在今天这种兴趣也依然存在。为了尽可能获得方言中最纯净的、最古老的语言形式，方言学家们自然将目标锁定在不易受干扰的 NORM 身上。而年轻人或流动性较大的人，由于接触了标准语言，他们的语言已受到了"污染"，因此不是一个合适的研究对象。①

东西方方言学家除了在被试的选择上倾向于 NORM 外，在人数上也比较单一，每一个调查点只需寻找一到两个发音合作人即可。这样选择的原因无非是基于"同质有序"的描写语言学的语言观。所谓"同质有序"是指一种语言或方言的系统在内部是一致的，在同一个语言社区里，所有的人群在所有的场合，他们所使用的语言或方言的标准是统一的，而其结构和演变是有规律的。② 既然一个语言社区里的所有人在所有场合使用的语言或方言都是统一的，那么只需要调查少数一两个人的语言或方言就够了，这一两人的语言或方言也就代表了整个社区的语言或方言。

可见，由于受到历史语言学和描写语言学的双重影响，方言学对于被试者的要求是相当苛刻的，被试者的类型和数量都非常少，而这也是方言学最受诟病之处。钱伯斯曾毫不留情地批评道，无论其动机有多么明确，但依旧真实的是，方言学对被试者的狭隘选择或许是其不被人喜欢的最大的甚至唯一的原因，它还会带来这样一种后果，一直住在某个地区的那些年轻人常常发现根据方言学所记录的家乡语言与他们所熟悉的有时恰好相反。③

与方言学只选择单一或少数 NORM 的被试不同，社会语言学的调查往往都是从选择一个变项并对不同说话人和说话人群体中该变项的不同变式的

①　L. Milroy, *Language and Social Networks*，（2nd edn），Oxford：Basil Blackwell，1987，p. 4.

②　游汝杰、邹嘉彦：《社会语言学教程》，复旦大学出版社 2004 年版，第 5 页。

③　J. K. Chamber, P. Trudgill, *Dialectology*，Peking：Peking University Press，2002，p. 30.

发生率进行量化开始的。社会语言学秉承的是"异质有序"的语言观，社会语言学家们认为不同的人有不同的语言风格，即便是同一个人在不同场合也可能使用不同的语言变式，因此社会语言学调查的语言变异不仅体现在不同人的对比，也体现在同一个人在不同场合的对比。而且社会语言学的调查更是要解释这些语言变异现象，从这些语言变异的社会分布中寻求语言与社会的共变关系，从而建立语言演变的层化模型。

因此，社会语言学是根据语言变项来选择被试对象的，他可能是一个言语社区中的任何一个人或一群人，而在人数的选取上，如果能对整个言语社区进行普查，那么得出的结论应该是最可靠最具有普遍意义的，但我们知道对整个社区实施普查通常是很困难的，因此社会语言学借助社会学的统计方法，对整个人群进行抽样调查。通过抽样调查从言语社区中选取一部分人群作为整个人群的代表样本，对代表样本进行调查研究得到的数据，再通过科学的统计分析方法得出结论，得出的结论可以推而广之，用来推论出整个言语社区的该语言变项的使用状况。

在被试者的选择上，社会语言学无疑比方言学具有类型广、人数多的特点，其样本及其所提供的语料无疑也更具代表性。虽然这是出于语言变异研究的需要，但就方法本身来说，这也对传统的方言学方法提出了挑战。① 钱伯斯等人甚而预言，"未来的方言学有可能就会朝着研究更具代表性人口的方向发展。"②

② 语料的收集：我国方言学关于语料的收集，都是先准备好一个调查字表，然后让发音合作人来读。调查字表选字的标准都是从切韵广韵一类韵书出发，在汉语方言学者们看来，调查这些具有代表性的字，便可举一反三，闻一知十，而不必调查所有的汉字读音。③ 此种调查方式是赵元任首创

---

① 付义荣：《言语社区和语言变化研究：基于安徽傅村的社会语言学调查》，北京大学出版社 2011 年版，第 38 页。
② J. K. Chamber, P. Trudgill, *Dialectology*, Peking：Peking University Press, 2002, p. 30.
③ 王力：《中国语言学史》，山西人民出版社 1981 年版，第 203 页。

的，20 世纪 20 年代，他带着学生杨时逢调查了江浙 33 个县市的方言，最后撰成《现代吴语的研究》一书，这也是汉语现代方言学的开山之作。① 自此以后，我国的汉语方言调查一般都是采用这种方式来收集语料。目前我国方言调查所通用的调查字表是由中国社会科学院语言研究所编制的《方言调查字表》，该表一共选择了比较常用的汉字 3700 多个，依据广韵音系的声母、韵母、声调加以排列，用以调查方言的语音系统。

可见，方言学对于语料的收集也是比较单一的，而且收集到的语料并不是被试者所说的自然语料，而是一种"念词表体"，也就是说，被调查者在念词表时，注意力集中在每个词的读音上，这时所显示的发音要比平时说话时的发音正规得多。拉波夫对此曾有过一段很好的述评："对于一个调查对象进行系统观察的时候总会造成一种说话语境，使他对于自己说的话所施加的注意力不能达到最小的程度。当调查对象答复我们的询问时，我们不能指望他是在用纯口语说话。不管调查对象显得多么随便，多么友好，我们总可以设想他还有一种更随便的说话风格，即当他跟他的朋友开玩笑时或是跟他的妻子吵嘴时所用的那种风格。"②

"由于受语言同质论的影响，方言学并不打算系统地处理包括风格变异在内的语言变异现象，即使偶尔涉及，也不过当它是一种轶闻趣事来记录。"③ 而社会语言学恰恰相反，它所关注的正是语言变异现象，因此社会语言学在收集语料的时候不但不回避充满变异的自然语料，反而把它们作为研究的重点。

然而，收集自然语料并不是一件容易的事，调查者在收集语料的过程中要不断地克服拉波夫所说的"观察者的矛盾"，他说："为了获得对语言学理论来说最为重要的语料，我们不得不观察人们在不被观察的情况下是如何

---

① 邵敬敏、方经民：《中国理论语言学史》，华东师范大学出版社 1991 年版，第 55 页。

② W. Labov，*Language in the Inner City*：*Studies in the Black English Vernacular*，Philadelphia：University of Pennsylvania Press，1972，p. 79.

③ L. Milroy，*Language and Social Networks*，（2nd edn），Oxford：Basil Blackwell，1987，p. 4.

说话的。"① 这本身就是一个矛盾，社会语言学家想要研究鲜活的、正在被使用的语言，就要观察人们的说话，但同时最好又要不被观察者知道或发现，因为一旦被观察者知道或发现自己的谈话正在被注意或录音，他们的谈话就会不自然，或是会不自觉地留意自己的发音和用词。因此社会语言学家们想方设法地克服这一矛盾，比如利用访谈法收集语料的时候，拉波夫就曾向受访人询问："你有没有差一点死掉的经验？"这一话题可以激发起被调查者的强烈情绪，促使他们激动地诉说自己的惊险经历。此时，即使说话一贯谨慎的人也会忘乎所以滔滔不绝地说起话来，出现随便说话语体。② 再比如，观察法中的隐蔽观察法、快速隐匿观察法和参与观察法都能较好地隐藏调查者的身份，观察或诱导被试者说出自然的或接近自然的语料。

为了从被试者口中获取自然语料，社会语言学家们真可谓绞尽脑汁。然而，无论怎样的方式只是尽可能而不能彻底消除调查过程之于调查结果的干扰。渥德华（Wardhaugh，R.）曾不无感叹，"即使通过遥控的方式比如暗藏的摄像机和录音机所收集到的材料也不一定完全'干净'"。③

但即便这样，社会语言学对自然语料的追求也是无止境的。相比方言学语料的收集，社会语言学收集语料的范围要广泛得多，收集方法也更多种多样。

2. 方言学与社会语言学的互补

（1）方言学调查的困惑。前文我们提到，方言学是以 NORM（nonmobile，older and rural males）作为调查对象的。然而，在现代社会中，这样的调查对象已经越来越难以找到了。例如，随着我国城市化进程的加速，越来越多的乡村在萎缩，人口的流动也在加剧，一辈子只待在一个地方不出去的人已经变得越来越少了。另外，随着城乡一体化的进程以及交通、通信方式的便捷，人们之间的接触和交往也变得日益频繁，因此方言与方言

---

① W. Labov. *Studies in Sociolinguistics*：*Selected Papers by William Labov* ［C］. Peking：Peking Language and Culture University Press，2001：463.

② 祝畹瑾：《社会语言学概论》，湖南教育出版社 1992 年版，第 60 页。

③ R. Wardhaugh，*An Introduction to Sociolinguistics*，Peking：Foreign Language Teaching and Research Press，2000，p. 149.

之间的接触和相互影响，以及普通话推广对方言的影响等都是现实的语言现象。试想一下，50 年以后，如果再想找到一个没有流动的、单一方言的、文化程度不高的发音合作人是多么困难。

另外，汉语方言学通常使用字表或词表来调查方言，这就是游汝杰所说的"字本位的方言调查法"，此种调查法的弊端有三：一是很多方言当中经常使用的一些字、词或语素并没有相应的文字记载，因此这样的方言字词没有办法在《方言调查字表》中体现，那么也就没有办法得到调查；二是调查的时候常常会碰到被试者不认识某些字的情况，这样势必会影响方言的调查效果；三是"字本位的方言调查法"混淆了语言与文字的界限，以为调查了文字就等于调查了方言，但实际上，语言与文字并不是一回事，表现在：①文字的发展具有明显的滞后性。我们知道人类语言（这里指口头语）的出现是伴随着人类进化的历史，总有四五万年的历史了，而文字的出现只不过是五六千年前的事，因此文字的发展具有明显的滞后性，往往是语言部分都已发生了很大变化，而文字部分却仍岿然不动，甚至还保存着语言中已经消失的东西。如"胎、怡、怠、治"等古今语音已经分化，但现在仍旧共用一个声旁"台"。②文字对语言的记录是有限的。一方面还有许多语言至今没有自己的文字，如我国的布依族、保安族、赫哲族等民族的语言；一方面那些有文字的语言，也不是所有的东西都被文字所记录，比如有些方言中那些没有文字记录的词。③文字对语言并不是一种高保真的记录，而是带有自身的特点。比如语言中没有分别的东西有时在文字中却有了分别，如现代汉语中的代词 tā，却被写成"他、她、它"三字；语言中有分别的东西有时在文字中又没了分别，比如汉字就不能反映说话时的音变状况，如轻声、变调等。可见，文字所记录的只是语言的部分，并不能代表语言本身，一味地透过文字来看语言，不仅不能让我们看到语言的全貌，甚至还会导致误解。① 索绪尔曾打了一个非常形象的比喻说，如果只通过书面语料来认识

---

① 付义荣：《言语社区和语言变化研究：基于安徽傅村的社会语言学调查》，北京大学出版社 2011 年版，第 58—59 页。

语言，就好比通过一张相片来认识一个人。① 因此，要真正认识一个人还是要和这个人进行面对面的接触，而要研究语言，自然不能忽视人们实际生活中使用的语言。

（2）社会语言学调查的困惑。社会语言学正是致力于研究人们实际生活中使用的语言，重视人与人之间语言的变异，以及不同场合语言的风格。社会语言学的调查方法正是对方言学调查方法的扬弃，方言学调查中的困惑，比如上文提到的"难以寻找理想的发音合作人""字本位的方言调查法"等在社会语言学的调查中都不成为问题，然而这并不代表着社会语言学的调查方法就毫无瑕疵。实际上，社会语言学在调查的过程中也遇到了难解的困惑：一是对语言的调查难以成系统。社会语言学通过观察、记录被试者的自然语料研究语言的变异，而在人们的自然语料中很难一次性捕捉到此种语言或方言中所有的语音。而方言学的调查字表基本上覆盖了语言或方言的所有音系，方言学的调查结果可以反映此种语言或方言的全貌，因此可以这样说，社会语言学的调查是牺牲了语料的系统性来得到语料的自然性。二是难以避免社会伦理问题。"当我们研究人类任何行为时，伦理问题的重要性是至高无上的。""在关于人或社会的研究中，普遍流行的两个伦理准则就是'自愿参与'与'对参与者无害'。"也就是说，任何一项社会研究都要在研究对象自愿参与的前提下进行，而且无论在研究过程中，还是在研究结果公布后，都要确保研究对象的生理与心理不受此次研究的伤害。遵循这两项原则的关键就是要做到研究对象的"知情同意"（informed consent），即一方面要确切地告知研究对象研究的性质，另一方面要取得研究对象口头或书面的同意。② "知情同意"是社会研究中所要遵循的一个规范，按艾尔·巴比的解释，该规范就是要求，基于自愿参与原则进入研究的对象，必须完全了解他们可能受到的危害。在社会语言学调查中，为了尽可能减少调

---

① ［瑞士］费尔迪南·德·索绪尔：《普通语言学教程》，高明凯译，商务印书馆1980年版，第48页。
② ［美］艾尔·巴比：《社会研究方法》（第11版），邱泽奇译，华夏出版社2009年版，第65—70页。

查过程之于调查结果的干扰，往往就要尽可能淡化甚至隐藏调查的相关信息，如调查者的身份、调查的目的等。社会语言学中常常使用的参与观察、局外观察、快速隐蔽调查法，被试者甚至都意识不到自己被调查了。社会语言学的这种调查方式显然有违社会研究的伦理。这无疑使得社会语言学调查又面临一种两难：一方面它为了保证语料的自然性，往往会想方设法让被试意识不到这是一次调查，另一方面伦理道德又要求它必须事先让被试知道调查的相关信息并征得被试者的同意。① 社会语言学要想缓解这种困境，通行的做法是"匿名"与"保密"。按艾尔·巴比的解释，"匿名"是指"当研究者和读者都不可能将回答和回答者对应起来时，这个研究就可以说达到了匿名的要求"；"保密"是指"当研究者能够指认特定研究对象的回答，但是承诺不会将其公开时，该研究就达到了保密的要求。"② 但有时，要想达到完全的"匿名"或"保密"也是很难做到的，只能做到即使个人有关信息被公开，但不会对被试者的生理或心理造成伤害。而方言学就没有伦理方面的困惑，它所调查的发音合作人是完全知情的，而且调查者和被调查者的身份都是公开的，所有的调查也是在被试同意的情形下进行的。

（3）两类调查方法的互补。方言学和社会语言学在调查方法上各有利弊，总的来说，形成了互补的态势，方言学"很难选择被试"和"字本位调查法"的困惑正好由社会语言学来弥补；而社会语言学"调查难成系统"和"伦理问题"的困惑也可以从方言学的调查中得到补充和缓解。

方言学和社会语言学是既对立又统一的关系。虽然它们在语言观、研究内容和研究方法上具有很大的差异，但从本质上说，两者的研究对象是一致的，只是研究的角度不同。方言学和社会语言学都关注和研究人们现实生活中实际使用的语言，只不过方言学更多地从地域的角度关注和研究，而社会语言学从社会的角度关注和研究，比如性别、年龄、阶层、职业，等等。可

① 付义荣：《言语社区和语言变化研究：基于安徽傅村的社会语言学调查》，北京大学出版社 2011 年版，第 61 页。
② ［美］艾尔·巴比：《社会研究方法》（第 11 版），邱泽奇译，华夏出版社 2009 年版，第 66 页。

以说，两者的研究具有异曲同工之妙，而且两者完全可以互相借鉴和补充，这必将是未来的研究方向。著名的社会语言学家 L. 米尔罗伊曾说，"不必把这两个传统视为相互对立的。恰恰相反，绝大多数社会语言学研究都在很大程度上依赖于根据方言学家们的大规模研究而得来的语言学知识，而事实上，按照拉波夫所说的一些普遍原则而进行的许多研究则可视为对方言学方法的一次明确修改。反过来说，方言学最近的许多研究亦已经按社会语言学的方向进行修改。"①

我国的方言学家游汝杰也曾预言，"社会语言学大大地改变了方言学家的作用。方言学家不再仅仅只是公布他的材料，而是注意将他们的材料与社会发展相联系，并且从中探讨理论问题。社会语言学革新了方言学只研究地域方言的传统，将研究旨趣转向社会方言，例如城市方言的社会层次分层研究。社会语言学应该成为方言学发展的新阶段，事实已经有人将社会语言学纳入方言学的范围。""汉语方言学应以同样的理由，引进社会语言学，革新自己的理念、旨趣和研究方法，进入崭新的发展阶段。"②

（二）汉语普通话与方言的关系

自从 1956 年国务院发布《关于推广普通话的指示》以来，我国的普通话推广工作取得了巨大的成就，普通话的使用范围已经不仅仅局限于学校和媒体，它已经在人们的日常生活中发挥着越来越重要的作用，上到国家领导人，下到平民百姓，普通话的使用已经成为一种常态。尤其是改革开放以后，随着经济的发展，城市化进程的加速以及流动人口的迅猛增加，普通话的使用更是达到了前所未有的高度。陈章太先生曾总结道，"推广普通话工作经历了几十年，我国的语言生活发生了很大的变化。现在，普通话在我国语言生活中的作用越来越大，一些地方和一些单位已经普及或者基本普及普

---

① L. Milroy, *Language and Social Networks*, （2nd edn）, Oxford：Basil Blackwell, 1987, p. 2.
② 游汝杰：《汉语方言学的现状和愿景》，《暨南学报》（哲学社会科学版）2005 年第 5 期。

通话，普通话作为教学语言、宣传语言和工作语言已经有了较好的基础。"①

1. 地方普通话

几十年推广普通话的成果是大家有目共睹的，有越来越多的人会说普通话，在公共场合、政府机关、服务部门到处可以听见人们在用普通话交流，但同时我们也注意到，人们说的其实都不是标准的普通话，当然会说标准普通话的人数也在迅速增加，大多数人说的是不标准的普通话，"不标准的普通话是标准普通话的地方变体，是带有不同程度的方言色彩的普通话，对不标准的普通话，各地有些不同的叫法，过去称为'蓝青官话'、'带方言腔的普通话'，新近还有说'塑料普通话'的，我们暂且采用'地方普通话'的说法。"②

那么什么是"地方普通话"？不同的学者下的定义不同，陈章太先生指出，"普通话在方言区的使用，又因受方言的影响，常常发生地方变异，使其带有不同程度的方言色彩，形成各种地方化的普通话，人们俗称某地普通话，如四川普通话、湖南普通话、上海普通话、广州普通话、台湾普通话，等等"③。陈亚川认为"地方普通话"是一种既非标准普通话又非地方方言的语言现象。郭正彦认为"地方普通话"指民族共同语在各方面地区的运用中带有一定程度的地方特色的普通话。虽然学者们给"地方普通话"下的定义不尽相同，但大多数学者都一致认为，"地方普通话"是方言向标准普通话过渡的中间状态，它是一种"中介语"。

"中介语理论"（interlanguage theory）创立于 20 世纪 60 年代末 70 年代初，是在认知心理学的基础上发展起来的，一般把美国学者塞林格（Selinker）发表的《中介语》（interlanguae）一文看作是中介语理论走向成熟的标志。所谓"中介语"就是介于母语与目标语之间的独立的语言系统，是第二语言习得者创造的语言系统。其主要特点有三：（1）中介语是一个

---

① 陈章太：《关于普通话与方言的几个问题》，《语文建设》1990 年第 4 期。
② 陈章太：《关于普通话与方言的几个问题》，《语文建设》1990 年第 4 期。
③ 陈章太：《语言规划研究》，商务印书馆 2005 年版，第 98—99 页。

独立的语言系统，它既不同于母语，又不同于目的语，是介于母语和目的语之间的一种语言；中介语是一个合法的语言系统，它有一套自己的规律，这套规律是习得者创造的；（2）中介语是一个动态的语言系统，它是不断引入新的规则以改进、转换和扩大已建立起来的过渡系统的渐进的过程；（3）中介语不是直线向目的语靠拢的，而是曲直地发展。①

　　根据中介语理论，地方普通话其实就是方言向标准普通话过渡的中间状态，就是中介语。地方普通话又可以分为好的、较好的、较差的三个等级。这三个不同等级都是中介语，随着学习者普通话水平的提高，好的向标准普通话靠拢，较差的和较好的向较好的和好的靠拢。在这个过渡的地方普通话中，有许多现象需要运用中介语理论加以研究。②

　　根据中介语理论，陈亚川认为"地方普通话"具有以下几个主要特征：（1）"地方普通话"用来指学习普通话的人在普通话输入的基础上形成的一种与标准普通话有不同程度差距的语言系统。（2）"地方普通话"表现在具体的每个学习普通话的人身上是一种动态的、不断变化的、由不成熟到逐渐成熟的语言系统。（3）"地方普通话"是学习普通话过程中产生的偏误，这种偏误是有规律可循的，不同于偶然发生的语言错误（如口误等，说母语、母方言也可能产生，无规律可循）。（4）"地方普通话"有其不易改变的顽固性。这种顽固性大体是语音为甚，词汇次之，语法再次。③

　　地方普通话是方言区的人们学习普通话过程中不可避免地语言现象，它是人们受到母语方言的干扰和普通话知识不足的干扰而共同导致的，正如周有光先生所言，"对大众来说，学习'规范普通话'（即标准普通话），实际得到的收获往往是'方言普通话'（即地方普通话）。"④ 地方普通话虽然不是标准的普通话，但其性质已经属于普通话的范畴，只是不太标准的普通话，但归根结底它是普通话。陈章太先生也说过，"地方普通话是方言区的

---

① 于根元：《应用语言学理论纲要》，华语教学出版社 1999 年版，第 72—76 页。
② 于根元：《应用语言学理论纲要》，华语教学出版社 1999 年版，第 81 页。
③ 陈亚川：《"地方普通话"的性质及其他》，《世界汉语教学》1991 年第 1 期。
④ 周有光：《周有光语文论集》（第四卷），上海文化出版社 2002 年版，第 286 页。

人学习普通话过程中必然产生的语言现象，它既有方言成分，又有普通话成分，但基本摆脱了方言而进入普通话范畴，可以看作低层次的普通话。"①

2. 普通地方话

在方言向普通话过渡的过程中，上文我们提到了一个必经阶段——"地方普通话"，也就是说，方言区的人们学习普通话，必然经过如图所示的三个阶段：

方言→地方普通话→标准普通话

但在实际的调查中我们发现，人们不是直接从母语方言过渡到地方普通话阶段的，在方言向地方普通话靠拢的过程中还会出现一种语言现象，那就是人们说一种语言是母语方言，但词汇和语法已经非常接近普通话的方言，学者们大多称之为"新派方言"，但"新派方言"涵盖的范围太广，产生"新派方言"的原因也非常多样和复杂，它可以是方言在演变过程中由于语言自身所发生的变化而导致的，也可以是政治、经济等社会因素导致的，当然也可以是由语言接触所导致的，这些因素都有可能导致方言演变成新派方言。但近些年来，普通话的迅速普及而对方言造成了前所未有的影响，陈章太先生也曾预言，"将来，由于商品经济的迅速发展，文化教育的逐渐普及，社会交际的不断扩大，群众文化素质的大大提高，方言必将继续向普通话靠拢，普通话的影响也会越来越大；语言中的共同成分必将越来越多，方言里的特殊成分则将越来越少"②。

那么由于普通话对方言的影响而导致的"新派方言"，郭骏老师命名为"普通地方话"，他在调查溧水街上话的时候发现，说街上话的居民有意识或无意识地将自己的语言向标准普通话的方向靠拢，在语音方面表现为不断调整自己的语音以便更接近标准普通话，在词汇方面表现为方言词语与普通话词语之间的替换，在语法方面表现为方言语法特征的消失和普通话语法特征的出现。这是交际适应理论中的"靠拢"（convergence）现象。这种不断

---

① 陈章太：《关于普通话与方言的几个问题》，《语文建设》1990 年第 4 期。
② 陈章太：《关于普通话与方言的几个问题》，《语文建设》1990 年第 4 期。

的"靠拢"形成了"普通地方话"。这形成的过程实际上是一种自觉的调整过程，主要以选择方言中原有的与标准普通话最为接近的形式来进行系统内部的调整。"普通地方话"是"具有普通话色彩"的"最新派方言"，就其实质而言是方言与标准普通话之间所出现的过渡语。① 我是赞同郭骏老师的提法的。"普通地方话"跟"地方普通话"一样，也是介于方言与普通话之间的一种中介语，那么方言区的人们学习普通话的三个阶段就可以改写为四个阶段：

方言→普通地方话→地方普通话→标准普通话

3. "普通地方话"与"地方普通话"的联系与区别

（1）"普通地方话"与"地方普通话"的联系。"普通地方话"与"地方普通话"两者存在着这样一些共同点，即两者都是处于方言与标准普通话之间的过渡状态，都为方言与标准普通话之间的过渡语（中介语）；两者都含有标准普通话语音成分和方言成分；两者都存在着鲜明的方向性，其发展趋势都是逐渐向标准普通话靠拢；两者都是处于变动之中，处于一个动态的变化过程中。

（2）"普通地方话"与"地方普通话"的区别。"普通地方话"与"地方普通话"两者之间虽然存在着一些共同点，但两者毕竟不是同一类性质的语言现象，因此两者不是一回事。

① 从所属范畴来看，"地方普通话"是带有方言色彩的普通话，是一种不够标准的普通话，是"低层次的普通话"，但它已"基本摆脱了方言而进入普通话范畴"；② 而"普通地方话"则是带有普通话色彩的地方话，是一种向普通话靠拢的地方话，因此属于方言的范畴。

② 从产生原因来看，"地方普通话"是学习标准普通话时受到自身方言影响而未能达到标准普通话的结果，即说普通话时不自觉地带了自身方言母语的某些特点；而"普通地方话"是在普通话对方言不断产生影响和渗透

① 郭骏：《语言态度与方言变异——溧水县城居民语言态度与语言使用情况的简要调查》，《南京社会科学》2007 年第 8 期。
② 陈章太：《关于普通话与方言的几个问题》，《语文建设》1990 年第 4 期。

下，说话人对普通话有着普遍的认同，说话人学习和掌握普通话后自然会对方言产生影响，是说话人有意识或下意识地向标准普通话靠拢的结果。因此"普通地方话"是一种向标准普通话的靠拢，是一种自觉的调整；而"地方普通话"中方言色彩的保持或保留则是一种不自觉的行为。

③ 从语音系统的稳定性来看，虽然两者的语音系统都属于动态系统，但稳定度有所不同。"普通地方话"语音系统相对比较稳定，当然在年龄、性别、社会阶层、交际对象等方面也存在一定的差异性。"地方普通话"中方音所占成分的多少很不稳定。对此陈亚川曾在《闽南口音普通话说略》一文中指出："口音有轻有重，跟文化程度、生活经历、时代背景、年龄大小以至个人素质有关，简直可以说是一人一个样。"①

④ 从标准普通话语音成分与方音成分来看，"地方普通话"中以标准普通话语音成分为主，而"普通地方话"中则以方音成分为主，这也是属于不同范畴的一个重要依据。

⑤ 从发展阶段来看，虽然"普通地方话"与"地方普通话"的发展方向均为标准普通话，但所处的阶段有所不同，"普通地方话"处于方言向标准普通话发展的初级阶段，而"地方普通话"则处于向标准普通话发展的高级阶段，所以"普通地方话"先要经过"地方普通话"这个阶段后才能成为标准普通话，并且"方言向普通话靠拢，要达到像'地方普通话'这种程度，不知还得多少年"，② 而"地方普通话"可直接发展成标准普通话。

二、本地居民的方言变化

陕西省西安市位于中国大陆腹地黄河流域中部的关中盆地，东经107°

---

① 陈亚川：《闽南口音普通话说略》，《语言教学与研究》1987年第4期。
② 陈亚川：《"地方普通话"的性质及其他》，《世界汉语教学》1991年第1期。

40′—109°49′，北纬 33°39′—34°45′。东以零河和灞源山地为界，西以太白山地及青化黄土台塬为界，南至北秦岭主脊，北至渭河。辖境东西 204 公里，南北 116 公里；面积 9983 平方公里，其中市区面积 1066 平方公里。秦岭山脉横亘于西安以南，山脊海拔 2000—2800 米，是我国地理上北方与南方的重要分界线。

西安方言属于北方官话中原方言关中片区，包括今西安市新城、碑林、莲湖、未央、灞桥、雁塔、长安 7 个区的方言。从历史上的建制沿革来看，这 7 个区大致是三国、魏、西晋、前后赵、前后秦时期的长安（常安）、万年等县，隋唐时期的大兴、长安、万年等县，明清时期的长安、咸宁两县，民国时期的西安市及长安县。根据 2000 年第五次人口普查资料，今西安方言区的人口为 455.39 万人，面积为 2646 平方公里。[①]

此次调查的北山门口村位于西安市雁塔区，属于广义的西安方言，典型的西安方言是以城三区新城、碑林和莲湖区的土著居民所操的方言为代表的，但这并不影响本次的研究，因为我们选取的发音合作人都是住在同一个村子里的老、中、青三代，通过纵向比较，能清楚地看到西安方言进行中的语言变化。

（一）声调变化

西安方言单字调共 4 个，即阴平、阳平、上声和去声，轻声除外。总体来看，西安老派方言与普通话的声调数量相同，且具有很明显的对应关系，大体如下：普通话读阴平 55 调的，陕西话念轻声（标注为 0）或 31 调；普通话读阳平 35 调的，陕西话仍读阳平，但调值为 24 调；普通话读上声 214 调的，陕西话读 53 调；普通话读去声 51 调的，陕西话读 55 调。以上只是西安老派方言跟普通话声调对应的主要规律，但也有很多例外，实际读音要复杂得多。

此次在西安市北山门口村西安方言声调调查的具体结果如表 5-1 所示：

---

① 孙立新：《西安方言语音的内部差异》，《甘肃高师学报》2010 年第 1 期。

表 5-1　西安方言声调变化表

例字	普通话	中老年 （西安话）	青年（西安话）	
			男性	女性
猫	阴平 55	mɑu^{24}	mɑu^{24}	mɑu^{55}
鞭炮	阴平 55	piæ̃^{31}	piæ̃^{31}	～
拼音	阴平 55	pʰiẽ^{31}	pʰiẽ^{55}	～
没有	阳平 35	muɤ^{31}	muɤ^{24}	mei^{35}
停止	阳平 35	tʰiŋ^{55}	tʰiŋ^{35}	～
地痞	上声 214	pʰi^{24}	pʰi^{53}	～
手术	上声 214	ʂyu^{53}	ʂyu^{53}	～
牙齿	上声 214	tsʰɿ^{31}	tʂʰʅ^{53}	～
打	上声 214	tɑ^{53}	tɑ^{53}	～
挡	上声 214	tɑŋ^{55}	tɑŋ^{53}	～
逗人笑	去声 51	tɤu^{55}	tɤu^{53}	～
处所	去声 51	pfʰu^{55}	tʂʰu^{53}	～

从表 5-1 中可以清楚地看到，中老年的发音合作人代表了西安的老派方言，而青年人尤其是青年女性是新派方言的代表。表中显示，西安新派方言的声调有向普通话靠拢的趋势，但调值跟普通话差异较大：比如，普通话读 51 调的，在西安老派方言中读 55 调，有很多字已经开始向普通话靠拢，变成降调，但调值为 53 调，下降的幅度没有普通话大。另外，西安老派方言读 55 调的，向普通话靠拢的趋势比较明显：根据单字普通话的声调而变，普通话是 35 调的，新派也读 35 调；普通话是 214 调的，新派只降不升读 53 调或 51 调；普通话是 51 调的，新派声调也随之下降但幅度较小，为 53 调。

另一个值得注意的是性别对方言的影响，中老年人无论男性和女性都说的是老派方言，性别对此没有什么影响；但青年人中，女性和男性讲的方言出现了差异，青年女性方言更接近于普通话，青年男性总体属于新派方言，但不如女性的新派方言靠普通话更近，例如"猫"字，西安老派方言有两种读音，一种读作 24 调［mɑu^{24}］，一种读作 55 调［mɑu^{55}］。有意思的是，

中老年和青年男性选择了读 24 调［mɑu²⁴］，青年女性选择了读 55 调
［mɑu⁵⁵］，更接近普通话的读音。另外一个"没"字，是更典型的例子。老
派读作［muɣ³¹］，青年男性读作［muɣ²⁴］，只是声调变了但读音没变，到
了青年女性已经完全跟普通话一致了，读作［mei³⁵］，这样一个从中老年老
派方言到青年男性的过渡阶段，再到青年女性跟普通话一致的过程恰好反映
了西安方言向普通话靠拢的一个发展演变的过程。因此，本书把青年女性的
新派方言作为西安新派方言的代表。

　　同时，青年女性的方言更接近普通话，也印证了"迄今为止，所有这
些研究成果都有一个显著的特点，即它们都认为：如果把年龄、教育水平和
社会阶层等变异因素都考虑在内，妇女使用的语言形式通常要比男子更接近
于标准语，或是更接近于那些具有较高声望的形式，或者说，她们更经常地
使用这类形式"①。

（二）声母变化

　　西安老派方言除去零声母共 25 个声母：［p pʻ m］、［pf pfʻ f v］、［t tʻ n
l］、［ts tsʻ s］、［tʂ tʂʻ ʂ z̧］、［tɕ tɕʻ ɕ］ 和 ［k kʻ ŋ x］；普通话除去零声母
共 21 个声母：［p pʻ m］、［f］、［t tʻ n l］、［ts tsʻ s］、［tʂ tʂʻ ʂ z̧］、［tɕ tɕʻ
ɕ］ 和 ［k kʻ x］。其中西安方言的 ［pf pfʻ v ŋ］ 4 个声母是普通话里面没
有的。

表 5-2　西安方言声母变化表

	普通话	中老年 （西安话）	青年 （西安话）	
			男性	女性
1. 杯子	pei⁵⁵	pʰei³¹	pei³¹	～
2. 波浪	po⁵⁵	pʰuɣ³¹	po³¹	～
3. 砖	tʂuan⁵⁵	pfæ̃³¹	tʂuẽ⁵⁵	～

---

① ［英］彼得·特鲁杰：《性别、潜在声望和诺里奇市英国英语的变化》，祝畹瑾编：
　　《社会语言学译文集》，北京大学出版社 1985 年版，第 151 页。

	普通话	中老年 （西安话）	青年（西安话）	
			男性	女性
4. 触	tʂʰu⁵¹	pfu²⁴	tʂʰu⁵⁵	~
5. 船	tʂʰuan³⁵	pfʰuẽ²⁴	tʂʰuẽ³⁵	~
6. 顺	ʂuan⁵¹	fẽ⁵⁵	ʂuẽ⁵⁵	~
7. 撞	tʂuaŋ⁵¹	pfʰaŋ⁵⁵	tʂuaŋ⁵⁵	~
8. 书	ʂu⁵⁵	fu³¹	ʂu³¹	~
9. 袜	uA⁵¹	vɑ³¹	uA³¹	~
10. 瑞	ʐuei⁵¹	vei⁵⁵	ʐuei⁵⁵	~
11. 入	ʐu⁵¹	vu³¹	ʐu³¹	~
12. 床	tʂʰuaŋ³⁵	pfʰaŋ²⁴	tʂʰuaŋ³⁵	~
13. 所	suo²¹⁴	fuɣ⁵³	suo⁵³	~
14. 初	tʂʰu⁵⁵	pfʰu³¹	tʂʰu³¹	~
15. 眼	iæn²¹⁴	ȵiæ̃⁵³	iæ̃⁵¹	~
16. 泥	ni³⁵	ni²⁴	ni³⁵	~
17. 挣钱	tʂəŋ⁵¹	tsəŋ⁵⁵	tsəŋ⁵⁵	tʂəŋ⁵⁵
18. 壮	tʂuaŋ⁵¹	pfaŋ⁵⁵	tʂuaŋ⁵⁵	~
19. 差不多	tʂʰA⁵¹	tsʰɑ³¹	tʂʰA³¹	~
20. 山	ʂan⁵⁵	sæ̃³¹	sæ̃³¹	ʂæ̃³¹
21. 茶	tʂʰA³⁵	tsʰɑ²⁴	tʂʰA³⁵	~
22. 拆	tʂʰai⁵⁵	tsʰei³¹	tʂʰai³¹	~
23. 西安	an⁵⁵	ŋæ̃³¹	ŋæ̃³¹	an³¹
24. 温	uən⁵⁵	uẽ³¹	uẽ³¹	~
25. 女子	ny²¹⁴	ny⁵³	ny⁵³	~
26. 坐	tsuo⁵¹	tsʰuɣ⁵⁵	tsuo⁵⁵	~
27. 竹	tʂu³⁵	pfu³¹	tʂu³¹	tʂu³⁵
28. 熬	ɑu³⁵	ŋɑu²⁴	ŋɑu²⁴	ɑu³⁵
29. 我	uo²¹⁴	ŋɣ⁵³	ŋɣ⁵³	~
30. 唇	tʂʰuən³⁵	pfʰẽ²⁴	tʂʰuẽ³⁵	~

从上表可以看出，中老年人不分男性和女性说的都是西安老派方言。而青年人中，男性和女性稍有差异，青年男性的个别音保留了老派方言，比如"挣、山、安"，因而这里所指的西安新派方言以青年女性为准。以下为西安新老派方言的声母变化：

（1）西安新派方言把老派方言读作［ts tsʰ s］三声母开口呼的字读作［tʂ tʂʰ ʂ］三声母，显然是受普通话的影响。虽然新派方言的声母变了，但声调仍然保留西安方言的声调，例如：

	挣	山	差	茶	拆
西安老派	tsəŋ^{55}	sæ̃^{31}	tsʰɑ^{31}	tsʰɑ^{24}	tsʰei^{31}
西安新派	tʂəŋ^{55}	ʂæ̃^{31}	tʂʰA31	tʂʰA35	tʂʰai^{31}
普通话	tʂəŋ^{51}	ʂan^{55}	tʂʰA51	tʂʰA35	tʂʰai^{55}

（2）古知、庄、章组在西安老派方言读［pf pfʰ f］三声母，但新派方言已经向普通话靠拢，例如：

	唇	砖	船	触	床	顺	书	壮
西安老派	pfʰẽ^{24}	pfæ̃^{31}	pʰfæ̃^{24}	pfu^{24}	pfʰɑŋ^{24}	fẽ^{55}	fu^{31}	pfɑŋ^{55}
西安新派	tʂʰuẽ^{35}	tʂuẽ^{55}	tʂuẽ^{35}	tʂʰu^{55}	tʂʰuɑŋ^{35}	ʂuẽ^{55}	ʂʅ^{31}	tʂuɑŋ^{55}
普通话	tʂʰuən^{35}	tʂuan^{55}	tʂuan^{35}	tʂʰu^{51}	tʂʰuɑŋ^{35}	ʂuan^{51}	ʂʅ^{55}	tʂuɑŋ^{51}

（3）西安方言［v］声母来自古微以影三母及日母北京合口字，但西安新派方言也都向普通话靠拢，读作零声母或日母，例如：

	林	瑞	入
西安老派	vɑ^{31}	vei^{55}	vu^{31}
西安新派	uA31	ʐuei^{55}	ʐu^{31}
普通话	uA51	ʐuei^{51}	ʐu^{51}

（4）"孙立新（1997）指出，关中方言把北京话零声母开口呼字除了'啊唉而儿耳二'等字外一般读作［ŋ］声母，西安新派方言一般把'鹅爱傲欧按恩昂'等字读作零声母，而与老派方言仍然读作［ŋ］声母不同。"①但此次调查，"安、熬"两字的西安话已经从年轻女性开始有了向普通话零声母靠拢的趋势，但中老年及年轻男性仍然读作［ŋ］声母，这也进一步验证了女性比男性"更加意识到使用礼貌语言和规范语言的必要性"，因而她们也就比男性更趋向于使用礼貌的、规范性的语言，而一般处于社会主导地位的男性更愿意使用较粗鲁的、带有口音的语言以体现自己的男子汉气概。

但有一个西安方言字"我"跟孙立新老师调查的结果不符，不管是老派还是新派，也不管是男性还是女性，统统读作［ŋɣ⁵³］，并没有向普通话靠拢读作零声母。也许因为"我"是一个常用字，日常使用的频率很高，所以不容易改变，但"我"字读音的具体变异分布，还有待于进行专门的研究。

（5）西安老派方言前腭化鼻声母［ȵ］的变化也是受普通话的强势影响，逐渐消失，读作零声母，例如：

	眼	牙
西安老派	ȵiæ̃⁵³	ȵia²⁴
西安新派	iæ̃⁵¹	i A24
普通话	iæn²¹⁴	i A35

（6）西安方言读作送气清声母的，新派方言一律读作不送气清声母，例如：

	杯	波	撞	坐
西安老派	pʰei³¹	pʰuɣ³¹	pfʰaŋ⁵⁵	tsʰuɣ⁵⁵
西安新派	pei³¹	po³¹	tʂuaŋ⁵⁵	tsuo⁵⁵
普通话	pei⁵⁵	po⁵⁵	tʂuaŋ⁵¹	tsuo⁵¹

---

① 孙立新：《西安方言语音的内部差异》，《甘肃高师学报》2010 年第 1 期。

（三）韵母变化

西安方言跟普通话的韵母在总数上是一致的，都是 39 个，而且都有开口呼、齐齿呼、合口呼、撮口呼四呼，这是西安方言韵母跟普通话韵母的相同之处，但此次着重考察的是它们的差异及对应关系，具体如表 5-3 所示：

表 5-3　西安方言韵母变化表

例词	普通话	中老年（西安话）	青年（西安话）	
			男性	女性
1. 老师	ʂʅ^{55}	sʅ^{31}	ʂʅ^{31}	~
2. 眉毛	mei^{35}	mi^{24}	mei^{35}	~
3. 味	uei^{51}	vi^{55}	vei^{55}	uei^{55}
4. 女婿	ɕy^{51}	ɕi^{31}	ɕy^{31}	~
5. 否	fou^{214}	fu^{53}	fu^{53}	fou^{51}
6. 抓	tʂuA^{55}	pfɑ^{31}	tʂuA^{31}	~
7. 说	ʂuo^{55}	ʂɣ^{31}	ʂɣ^{31}	ʂuo^{31}
8. 火	xuo^{214}	xuɣ^{53}	xuɣ^{51}	~
9. 馍	mo^{35}	muɣ^{55}	muɣ^{55}	~
10. 物	u^{51}	vuɣ^{31}	uuɣ^{31}	u^{55}
11. 没有	mei^{35}	muɣ^{31}	muɣ^{24}	mei^{35}
12. 和平	xɣ^{35}	xuɣ^{24}	xɣ^{35}	~
13. 略	lyɛ^{51}	luɣ^{53}	lyɛ^{53}	~
14. 勺	ʂɑu^{35}	fuɣ^{24}	ʂɑu^{35}	~
15. 脚	tɕiau^{214}	tɕyɣ^{31}	tɕyɣ^{31}	tɕyɛ^{31}
16. 药	iau^{51}	yɣ^{31}	yɣ^{31}	yɛ^{31}
17. 学	ɕyɛ^{35}	ɕyɣ^{24}	ɕyɣ^{24}	ɕyɛ^{35}
18. 月	yɛ^{51}	yɛ^{31}	yɛ^{31}	~
19. 劣	liɛ^{51}	lyɛ^{31}	liɛ^{31}	~
20. 爷	iɛ^{35}	iɛ^{55}	iɛ^{55}	~
21. 日子	ʐʅ^{51}	ər^{31}	ʐʅ^{31}	~
22. 核桃	xɣ^{35}	xɯ^{24}	xɣ^{35}	~
23. 鞋	ɕiɛ^{35}	xiæ^{24}	ɕiɛ^{35}	~

续表

例词	普通话	中老年（西安话）	青年（西安话）	
			男性	女性
24. 盖	kai⁵¹	kæ⁵⁵	kai⁵⁵	~
25. 帅	ʂuai⁵¹	fæ⁵⁵	fɛ⁵⁵	ʂuɛ⁵⁵
26. 癌症	ai³⁵	ŋiæ²⁴	ŋiɛ²⁴	ɛ³⁵
27. 吹	tʂʰuei⁵⁵	pfʰei³¹	pfʰei³¹	tʂʰuei³¹
28. 得到	tɣ³⁵	tei³¹	tei³¹	tɣ²⁴
29. 百	pai²¹⁴	pei³¹	pei³¹	~
30. 大伯	po³⁵	pei²⁴	pei²⁴	po³⁵
31. 披	pʰi⁵⁵	pʰei³¹	pʰi³¹	~
32. 虱子	ʂʅ⁵⁵	sei³¹	ʂʅ³¹	~
33. 国	kuo³⁵	kuei²¹	kuo³⁵	~
34. 雷	lei³⁵	luei²⁴	lei³⁵	~
35. 咀嚼	tɕyɛ³⁵	tɕyo²⁴	tɕiɔ²⁴	~
36. 走	tsou²¹⁴	tsɣu⁵³	tsou⁵¹	~
37. 路	lu⁵¹	lɣu⁵⁵	lu⁵⁵	~
38. 绿色	ly⁵¹	liɣu³¹	ly³¹	~
39. 丢	tiou⁵⁵	tiɣu³¹	tiou³¹	~
40. 兰	lan³⁵	læ̃²⁴	læ̃²⁴	~
41. 晚	uan²¹⁴	væ̃⁵³	uæ̃⁵³	~
42. 面	miæn⁵¹	miæ̃⁵⁵	miæ̃⁵⁵	~
43. 谈恋爱	liæn⁵¹	luæ̃²⁴	liæ̃²⁴	liæ̃⁵⁵
44. 院	yæn⁵¹	yæ̃⁵⁵	yæ̃⁵⁵	~
45. 馅	ɕiæn⁵¹	ɕyæ̃⁵⁵	ɕiæ̃⁵⁵	~
46. 本	pən²¹⁴	pẽ⁵³	pẽ⁵³	~
47. 蚊子	uən³⁵	vẽ²⁴	uẽ²⁴	~
48. 金	tɕin⁵⁵	tɕiẽ³¹	tɕiẽ³¹	~
49. 怀孕	yn⁵¹	iẽ⁵⁵	yẽ⁵⁵	~
50. 亲家	tɕʰin⁵¹	tɕʰiẽ⁵⁵	tɕʰiẽ⁵⁵	~

例词	普通话	中老年（西安话）	青年（西安话）	
			男性	女性
51. 村	tsʰuən⁵⁵	tsʰuẽ³¹	tsʰuẽ⁵⁵	~
52. 嫩	nən⁵¹	nuẽ⁵⁵	nẽ⁵⁵	~
53. 俊	tɕyn⁵¹	tɕyẽ⁵⁵	tɕyẽ⁵⁵	~
54. 军	tɕyn⁵⁵	tɕyẽ³¹	tɕyẽ³¹	~
55. 窗	tʂʰuɑŋ⁵⁵	pfʰɑŋ³¹	pfʰɑŋ³¹	tʂʰuɑŋ³¹
56. 映	iŋ⁵¹	iɑŋ⁵⁵	iŋ⁵⁵	~
57. 虫	tʂʰuŋ³⁵	pfʰəŋ²⁴	tʂuŋ²⁴	~
58. 肾	ʂəŋ⁵¹	ʂẽ⁵⁵	ʂẽ⁵⁵	~
59. 吞	tʰuən⁵⁵	tʰəŋ³¹	tʰuẽ³¹	~
60. 冬	tuŋ⁵⁵	tuŋ³¹	tuŋ³¹	~
61. 蛮横	xəŋ⁵¹	xuŋ⁵⁵	xəŋ⁵⁵	~
62. 荣	ʐuŋ³⁵	yŋ²⁴	ʐuŋ²⁴	~
63. 牙	i A35	ȵiɑ²⁴	ȵi A24	i A24

　　根据上表所列的西安方言的韵母变化，跟声母变化相似，中老年人不分男性和女性，说的都是西安老派方言，青年男性总体说的是西安新派方言，但个别音保留了老派方言的特征，所以西安方言的韵母变化分析仍然以青年女性为西安新派方言的代表：

　　（1）中古帮非两组蟹合三费韵、止开三支脂两韵、止合三微韵，西安老派方言读［i］韵母的字，新派读作［ei］韵母，跟普通话一致了，但保留西安话的声调，例如：眉、味等。

	眉	味
西安老派	mi²⁴	vi⁵⁵
西安新派	mei³⁵	uei⁵⁵
普通话	mei³⁵	uei⁵¹

（2）古帮组、非组声母普通话拼［ou］韵母的，西安老派方言读作［u］韵母，新派向普通话靠拢读作［ou］韵母，例如：否、谋等字。

	否	谋
西安老派	fu^{53}	mu^{24}
西安新派	fou^{51}	mou^{35}
普通话	fou^{214}	mou^{35}

（3）中古汉语泥娘两声母普通话拼［u］或［y］韵母的，西安方言老派读作［ou］韵母，新派跟普通话一致读作［u］或［y］韵母，例如：路、绿等。

	路	绿
西安老派	lou^{55}	liou^{31}
西安新派	lu^{55}	ly^{31}
普通话	lu^{51}	ly^{51}

（4）西安方言老派读作［uɣ/uo］韵母的，新派已经变成与普通话一致的韵母了，例如：

	物	没	和	略	勺
西安老派	vuɣ^{31}	muɣ^{31}	xuɣ^{24}	luɣ^{53}	fuɣ^{24}
西安新派	u^{55}	mei^{35}	xɣ^{35}	lyɛ^{53}	ʂɑu^{35}
普通话	u^{51}	mei^{35}	xɣ^{35}	lyɛ^{51}	ʂɑu^{35}

（5）西安老派口语里的［ɯ iæ］二韵母，新派已经变为与普通话相对应的韵母，例如"核、鞋"两字。孙立新老师估计，"再有几十年，西安方言［ɯ iæ］2 韵母将从口语里消亡。"[①]

——————————

① 孙立新：《西安方言语音的内部差异》，《甘肃高师学报》2010 年第 1 期。

	核	鞋
西安老派	xɯ²⁴	xiæ²⁴
西安新派	xɤ³⁵	çiɛ³⁵
普通话	xɤ³⁵	çiɛ³⁵

（6）中古入声德陌麦三韵的字，西安老派方言读作［ei］韵母的，新派方言演变成与普通话相对应的韵母，但保留西安话的声调，例如：

表头			
	得	伯	披
西安老派	tei³¹	pei²⁴	pʰei³¹
西安新派	tɤ³¹	po³⁵	pʰi³¹
普通话	tɤ³⁵	po³⁵	pʰi⁵⁵

但本次调查中，"百"字是一个例外，西安新派方言仍然保留了老派方言的读音［pei³¹］，并没有像其他中古入声得陌麦三韵的字演变为普通话相应的韵母，其中原因是否跟"我"字一样，因为是一个常用字，日常使用的频率很高，所以不容易改变，还有待于进一步深入研究。

（7）泥见两组逢蟹摄合口一等以及逢止摄合口三等字的，西安老派方言读作［uei］韵母，但新派向北京话靠拢，分别读作［uo］韵母和［ei］韵母，声调与西安话保持一致，例如：

	国	雷
西安老派	kuei²¹	luei²⁴
西安新派	kuo³⁵	lei³⁵
普通话	kuo³⁵	lei³⁵

（8）西安方言"晚、面、团、院"等字的鼻化韵母［æ̃ iæ̃ uæ̃ yæ̃］分别与普通话［an ian uan yan］（ɑn iɑn uɑn üɑn）韵母相对；"本、金、村、军"

等字的鼻化韵母 [ẽ iẽ uẽ yẽ] 分别与普通话 [ən in uən yn]（en in un ün）韵母相对。西安方言的鼻化韵母在新派方言中仍然存在，因为它们与普通话有着较为规律的对应关系，所以新派方言大部分保留了下来。

（9）孙立新老师指出，西安"老派方言里有 [yɛ yɣ] 2 韵母的对立，新派一律合并为 [ye] 韵母；很有意思的是，'药'字老派读作 [yɣ³¹]，新派读作 [ye³¹]，而没有读作 [iɑu⁵⁵]"①。这次的调查也印证了这一现象，不仅是"药"字，还有"脚"字，也没有向普通话靠拢，读作 [tɕiɑu³¹]，而是读作 [tɕyɛ³¹]，如表 5-4 所示：

	学	脚	药
西安老派	ɕyɣ²⁴	tɕyɣ³¹	yɣ³¹
西安新派	ɕyɛ³⁵	tɕyɛ³¹	yɛ³¹
普通话	ɕyɛ³⁵	tɕiɑu²¹⁴	iɑu⁵¹

最后，值得一提的是年轻女性依然是西安方言变化的引领者，她们的方言是西安新派方言的代表，如表 5-4 所示：

表 5-4　西安方言声调变化表

例词	普通话	中老年 （西安话）	青年（西安话）	
			男性	女性
3. 味	uei⁵¹	vi⁵⁵	vei⁵⁵	uei⁵⁵
5. 否	fou²¹⁴	fu⁵³	fu⁵³	fou⁵¹
7. 说	ʂuo⁵⁵	ʂɣ³¹	ʂɣ³¹	ʂuo³¹
10. 物	u⁵¹	vo³¹	uo³¹	u⁵⁵
11. 没	mei³⁵	mo³¹	mo²⁴	mei³⁵
16. 药	iɑu⁵¹	yo³¹	yo³¹	yɛ³¹
17. 学	ɕyɛ³⁵	ɕyo²⁴	ɕyo²⁴	ɕyɛ³⁵

---

① 孙立新：《西安方言语音的内部差异》，《甘肃高师学报》2010 年第 1 期。

续表

例词	普通话	中老年（西安话）	青年（西安话）	
			男性	女性
25. 帅	$ʂuai^{51}$	$fæ^{55}$	$fɛ^{55}$	$ʂuɛ^{55}$
26. 癌	ai^{35}	$ŋɛ^{24}$	$ŋɛ^{24}$	$ɛ^{35}$
27. 吹	$tʂʰuei^{55}$	$pfʰei^{31}$	$pfʰei^{31}$	$tʂʰuei^{31}$
28. 得	$tɣ^{35}$	tei^{31}	tei^{31}	$tɣ^{24}$
30. 大伯	po^{35}	pei^{24}	pei^{24}	po^{35}
43. 恋	$liæn^{51}$	$luæ̃^{24}$	$liæ̃^{24}$	$liæ̃^{55}$
55. 窗	$tʂʰuaŋ^{55}$	$pfʰaŋ^{31}$	$pfʰaŋ^{31}$	$tʂʰuaŋ^{31}$
63. 牙	i A35	$ȵia^{24}$	ȵi A24	i A24

从表中可以看出，青年男性方言是西安老派方言向新派方言发展的过渡期，比如"味"字，老派读 $［vi^{55}］$，青年男性读 $［vei^{55}］$，韵母发生了变化，但声母没变，而青年女性读 $［uei^{55}］$，声母、韵母均发生了变化，只是声调保留了西安方言的声调，其变化的方向无疑是向普通话靠拢（"味"的普通话读作 $［uei^{51}］$）。

大部分语言与性别的研究结果都得出，女性的语言往往比男性更接近于标准语，或是具有较高社会声望的哪一种语言变体，那是因为"妇女肩负着养育儿女的天职，在教会孩子说话和待人接物的过程中，她们比男子更加意识到使用礼貌语言和规范语言的必要性"①。

（四）词汇变化

"词汇是语言诸要素中最活跃、最易变的因素，社会的发展变化，人们思想认识的变化，都促使语言产生新词或使既有词的意义发生变化。"② 方言词汇也不例外，从 1955 年全国文字改革会议和现代汉语规范问题学术会

---

① 祝畹瑾：《新编社会语言学概论》，北京大学出版社 2013 年版，第 148 页。
② 邢福义、吴振国：《语言学概论》，华中师范大学出版社 2002 年版，第 286 页。

议上确定普通话的定义，到把"国家推广全国通用的普通话"写进《中华人民共和国宪法》，再到 1986 年国家把推广普通话列为新时期语言文字工作的首要任务，经过了半个世纪的努力，普通话的推广工作卓有成效，基本达到了普通话在全国范围内的初步普及。在普通话初步普及的语言环境里，方言词汇首先受到了冲击。原本这半个世纪就是中国社会大发展的时期，社会的巨变必然导致新事物、新思想的产生，这些都是促使语言产生新词的最直接因素，原有的方言词汇面临着新生事物的挑战，再加之普通话的推广，因此普通话的词汇自然而然地就取代了原有的方言词汇。

本次研究一共考察了 138 个西安方言词汇，包括时令、日常生活用具、蔬菜、称谓、衣着、常用动词、形容词等词汇，发现方言词汇发展变化的方向有以下三种：

（1）具有特色的方言词语，对应地方的特色，诸如俗语、称谓、日常用语等，保留了原有的方言词汇。这一类词汇因为具有浓郁的地方特色，又跟人们日常生活紧密相关，代代口耳相传，因此得到了很好的沿袭，例如：

普通话词汇	头 tou³⁵	鼻涕 pi³⁵tʰi	姑娘 ku⁵⁵niaŋ	叔叔 ʂu⁵⁵ʂu	叔母 ʂu⁵⁵mu²¹⁴	舅母 jiou⁵¹mu²¹⁴	污垢 wu⁵⁵kou⁵¹	什么 ʂən²¹⁴mɣ	怎么 tsən²¹⁴mɣ
西安方言词汇	□ sa²⁴	鼻 pi²⁴	女子 ny⁵³tsʐ	达/爸 ta²⁴/pa⁵⁵	娘 niaŋ⁵⁵	妗子 tɕiẽ⁵⁵tsʐ	垢圿 kɣu⁵³tɕia	啥 sa⁵⁵	咋 tsa⁵³

方言词汇里还有一类是因为普通话里没有对应的词汇，有的即使有，但不如方言词汇表达简练、传神，因此也保留了下来沿用至今。例如：

瞎怂 xɑ³¹suŋ²⁴：不务正业的混混。

瓷锤 tsʰʐ²⁴pʰei²⁴：脑子不灵活、呆板的人。

家娃 tɕia³¹ua⁵⁵：没见过世面的人。

嫑 pɑu³¹：不要、勿、莫。

谝 pʰiæ̃⁵³：聊天，拉家常。

（2）西安方言词汇里有一些过时的表示事物名称的词汇，随着新名称的出现，词汇也随之更替。例如：

旧词汇	洋柿子 iaŋ²⁴ sʅ⁵⁵ tsʅ⁰	洋火 iaŋ²⁴ xuɣ⁵³	洋碱 iaŋ²⁴ tɕiæ̃⁵³	洋蜡 iaŋ²⁴ la³¹
新词汇	柿子 sʅ⁵⁵ tsʅ⁰	火柴 xuɣ⁵³ tsʰɛ²⁴	肥皂 fei³⁵ tsau⁵⁵	蜡烛 la⁵⁵ tʂʅ³⁵

　　还有一些跟农村生活相关的农事、农具、动物、植物等词汇，随着生活方式的改变，也渐渐淡出了城中村本地居民的日常生活词汇。

　　（3）西安方言中的方言词汇更多的则是被普通话词汇所取代，但读音保留西安方言读音。也有的是中老年人使用方言词汇，年轻人使用普通话词汇，很多年轻人能听懂长辈说的方言词汇但自己不用，他们跟孩子也不使用老派的方言词汇，可以预测老派西安方言词汇随着城市化的进程会逐渐消失。例如：

老派西安方言词汇	新派西安方言词汇
日头 ər³¹ tʰɣu⁰	太阳 tʰæ⁵⁵ iaŋ⁰
年时个 ȵiæ̃²⁴ sʅ⁰ kɣ⁰	去年 tɕʰy⁵³ niæ̃⁰
夜儿个 iɛ⁵³ kɣ⁰	昨儿 tsuɣ²⁴ r
芫荽 iæ̃²⁴ sueiˀ⁰	香菜 ɕiaŋ³¹ tsʰɛ⁵⁵
长虫 tʂaŋ²⁴ pfʰaŋ⁰	蛇 ʂɣ²⁴
灶房 tsau⁵⁵ faŋ²⁴	厨房 tsʰu²⁴ faŋ²⁴
茅房 mau²⁴ faŋ²⁴	厕所 tsei³¹ suɣ⁵³
胛骨头儿 tɕia³¹ kuˀtʰɣu²⁴ r	肩膀 tɕiæ³¹ paŋ⁰
外头家 uɛ⁵⁵ tʰɣuˀtɕia³¹	老公 lau⁵³ kuŋ⁰
屋里家 u³¹ liˀtɕia³¹	老婆 lau⁵³ pʰuɣ⁰
舅爷 tɕiɣu⁵⁵ iɛ⁵⁵	外爷 uæ⁵³ iɛ⁵⁵/³¹
舅奶 tɕiɣu⁵⁵ næ⁵³	外婆 uæ⁵³ pʰuɣ²⁴/³¹
遗 i²⁴	丢 tiɣu³¹

（五）语法变化

"语言中的语法部分是最稳固的部分，发展变化速度比词汇慢得多。"①千百年来，西安方言语法逐步形成了自己的语法特点，比如具有特色的前缀"日、失、麻"，后缀"子、头、人、家、儿"，还有特殊的重叠结构等，但近半个世纪以来，受到普通话的强烈冲击，西安方言的语法结构也悄悄地发生了一些变化，结合本次调查，主要的语法变化如下：

（1）"子"字尾：

①西安方言单音节名词加"子"尾的，因为跟普通话的结构一致，所以保留了下来，继续沿用，例如：女子、剪子、起子、个子、鼻子、卡子、料子、身子、对子（对联）、案子（案件）等。

②西安方言双音节或多音节名词加"子"尾的，"子"尾有消失的趋势，更接近普通话的表达，例如：树叶子、鸡娃子、凉席子、椅背子、城门洞子、荞麦皮子、钓鱼杆子等。

③西安方言叠音字加"子"尾的，"子"尾保留，但有不叠音的趋势，例如："裰裰子、棍棍子、桌桌子、椅椅子、盒盒子"有变成"裰子、棍子、桌子、椅子、盒子"的趋势。

④西安方言"子"用在量词后面的，"子"字有消失的趋势，例如：两车子白菜、两件子衣裳、一缸子热茶、一块子木头变成两车白菜、两件衣裳、一缸热茶、一块木头等。

（2）"儿"字尾：

①西安方言与普通话儿化名词相一致的词语继续保留并沿用，例如：花儿、鱼儿、包儿、尖儿、瓜子儿、冰棍儿、蒜苗儿等。

②西安方言儿化的词语而普通话是"子"尾的，有向"子"尾转化的趋势，例如"虫儿、刀儿、棍儿、鸭儿、裤儿"有向"虫子、刀子、棍子、鸭子、裤子"转化的趋势。

---

① 邢福义、吴振国：《语言学概论》，华中师范大学出版社 2002 年版，第 289 页。

③西安方言有些儿化词语逐渐被普通话的双音节词取代，例如："法儿、辈儿、伙儿、打交儿"已经被"办法、辈分、伙计、打交道"取代。

④西安方言时间名词和形容词重叠后儿化的（AA儿），有去掉儿化的趋势，例如"天天儿、月月儿、年年儿、黑黑儿的、白白儿的、热热儿的"去掉儿化变成"天天、月月、年年、黑黑的、白白的、热热的"，意义不变，与普通话保持一致。

⑤西安方言有些名词重叠后儿化又修饰名词的（AA儿+N），表示名词的状态，例如"盒盒儿饭、片片儿药、碗碗儿茶、壶壶儿酒"。这种用法在新派方言里已经很难听到，取而代之的是双音节词或数量词短语，例如"盒饭、药片、一碗茶、一壶酒"，与普通话的结构一致。

（3）"人"字尾：

①西安方言单音节动词或形容词后加"人"字尾，"人"读本音［$z_{\tilde{e}}^{24}$］，例如"打人、骂人、闲人、熟人、好人、忙人"等，此种用法跟普通话的用法一致，因此得到保留并沿用了下来。

② 西安方言单音节动词或形容词后加"人"字尾，"人"读轻声［$z_{\tilde{e}}^{0}$］，构成西安方言的"自感结构"（也有学者称"使感结构"的）"V/A+人［$z_{\tilde{e}}^{0}$］"，例如"晒人、照人、热人、闷人、饿人"等。"这种结构通常表达的是因外部环境或因素使说话人身体或心理产生了整体或部分不舒服的感觉，表达了说话人的某种不舒服不愉快的主观体验和感受，数量众多，有词汇化倾向。"但"自感结构'V/A+人'在普通话强大势力的冲击下有萎缩的可能。……年龄越轻、职业社会化程度越高、受教育程度越高，越倾向于使用类似普通话的表达方式，比如'我饿了、今天有点儿冷、我嫌烦'"①。此次的调查也证实了这一趋势。

（4）程度副词：

①"'很'是西安方言中常用的副词之一，表示程度深，如'好的很'

---

① 吴媛：《西安话的自感结构"V/A+人"及其与动宾/偏正结构"V/A +人"的对立》，《宁夏大学学报》（人文社会科学版）2011年第3期。

'清楚的很''乱的很'等。与普通话中的'很'用法不同的是，西安方言中的'很'只能作补语，不能作状语，例如：可以说'美的很''瘦的很''低的很'，但不说'很美''很瘦''很低'。也就是说，西安方言中只有'A的很'格式，没有'很A'格式。而普通话中的'很'既能作状语，又能作补语，可以说'很美''很瘦'，也可以说'美的很''瘦的很'。"①西安方言中程度副词"很"只能作补语的用法，因为跟普通话的"很"作补语的用法一致，所以此用法一致保留至今；至于普通话的"很"，它还可以作状语，其修饰效果跟作补语差别不大，所以在西安方言中一律用"很"作补语来表示。

②西安方言中的程度副词"太"的用法跟"很"正好相反，形成互补。"普通话中的程度副词'太'只能在形容词、心理活动动词及部分短语前作状语，表示程度深。西安方言中的'太'也常常作状语，如'太好咧''太高兴咧''太不够意思咧'等。除此之外，西安方言中的'太'还经常作补语，这一点与普通话不同。例如：快的［ti］太。｜美的太。｜高兴的太。｜爱的太。｜听话的太。｜糊涂的太。"②新派西安方言中，保留了"太"作状语的用法，而作补语的用法被"很"作补语所取代。这样，在新派西安方言中，当程度副词作补语时用"很"；作状语时用"太"。例如：好的很/太好咧；高兴的很/太高兴咧。这两种用法也都跟普通话的用法一致，不能不说是普通话语法对方言语法的影响。

（5）"把"字句：

①老派西安方言里的双宾语句用得很少，普通话里的双宾语句很多在西安方言里必须用"把"字句，但新派西安方言里的双宾语句逐渐增多。例如：

① 兰宾汉：《西安方言中的几个程度副词》，《陕西师范大学学报》（哲学社会科学版）2004年第5期。
② 兰宾汉：《西安方言中的几个程度副词》，《陕西师范大学学报》（哲学社会科学版）2004年第5期。

老派　　　　　　　　　　　新派

我把一个笔送给你。　　　　我送你一支笔。

人家把他叫瓜子（傻子）。　人家叫他瓜子（傻子）。

把我急咧一身水。　　　　　急咧我一身汗。

②普通话的"把"字句否定式，否定词必须放在"把"字前面，而西安方言"把"字句的否定式，否定词放在"把"字后面，但新派西安方言向普通话靠拢的趋势很明显，"把"字句的否定词移到了"把"字的前面。例如：

老派　　　　　　　　　　　新派

把鸡甭［pau^{31}］（不要）放出去。　不要把鸡放出去。

把钱没给（给）他。　　　　没（有）把钱给他。

（6）"给"字句：

① 老派西安方言里有"给给 N_2N_1"的句式，属于给予类的双宾语句，但在新派方言里，只用一个"给"字。例如：

老派　　　　　　　　　　　新派

给给他一本子书（去）。　　给他一本书。

给给娃一块钱。　　　　　　给娃一块钱。

② 老派西安方言里还有"给给 N_2"和"给 N_2 给给"的句式，新派方言里一律用"把……给 N_2"取代，这也更接近普通话的句式。例如：

老派　　　　　　　　　　　新派

钥匙给给你妈。　　　　　　把钥匙给你妈。

钱给给娃。　　　　　　　　把钱给娃。

一箱子苹果给老王给给。　　把一箱子苹果给老王。

碎女子给张家给给。　　　　把碎女子（嫁）给张家。

（六）小结

从上文的调查研究可以清晰地看到西安方言从老派到新派的演变过程，西安市北山门口村以青年女性为代表的新派方言在语音上无论是声母、韵母还是声调都在向标准普通话靠拢，词汇上表现为普通话词汇替换了方言词汇，最稳定的语法也开始出现普通话的语法特征，以及一些方言语法特征的消失，这种不断向标准普通话靠拢的新派方言构成了"普通西安话"，也就是具有普通话色彩的西安方言。

"普通西安话"仍然属于方言，是一种向普通话靠拢的西安话，是在普通话对西安话不断影响和渗透下逐步形成的，也是操西安话的说话人有意识或无意识地向普通话靠拢的结果。"普通西安话"跟老派西安方言相比，已经是不"地道"的西安方言了，但对于外地人来说，其可听懂度大大地提升了。综上所述，"普通西安话"也是一种方言向标准普通话过渡的中介语，只不过它仍然属于方言的范畴。

三、本地居民的普通话变化

老中青三代共六人的方言调查合作人，同时也配合本次研究进行了普通话的调查。普通话调查也采用"念词表"的方法，考查发音合作人的普通话程度。

普通话词表由两部分构成，即读单字（20 个）和读词（30 个）。选取的单字和词语都是西安方言与普通话声韵调有明显差异的字、词，目的是要考查发音人在说普通话的时候，是否受方言的影响。需要声明的是，本次调查并不是考察发音合作人的普通话水平，只是想了解双言者在说普通话的时候在多大程度上会受到普通话的影响。

（一）西安普通话单字读音

表 5-5　西安普通话调查单字统计表

例词	标准普通话	中老年（普通话）	青年（普通话）	
			男性	女性
1. 没有	mei^{35}	muɣ^{55}	mei^{24}	mei^{35}
2. 齿	tʂʰʅ^{214}	tsʰɿ^{212}	tʂʰʅ^{212}	~

例词	标准普通话	中老年（普通话）	青年（普通话）	
			男性	女性
3. 逗	tou⁵¹	tʏu⁵⁵	tou⁵¹	~
4. 猫	mau⁵⁵	mau²⁴	mɔ⁵⁵	~
5. 地痞	pʰi²¹⁴	pʰi⁵⁵	pʰi²¹²	~
6. 手	ʂou²¹⁴	ʂou²¹²	ʂou²¹²	~
7. 鞭	piæn⁵⁵	piæ̃⁵⁵	piæ̃⁵⁵	~
8. 打	tɑ²¹⁴	tɑ²¹²	tɑ²¹²	~
9. 处所	tʂʰu⁵¹	pfʰu⁵⁵	tʂʰu⁵¹	~
10. 拼	pʰin⁵⁵	pʰiẽ⁵⁵	pʰiẽ⁵⁵	~
11. 停	tʰiŋ³⁵	tʰiŋ²⁴	tʰiŋ²⁴	~
12. 挡	taŋ²¹⁴	taŋ⁵³	taŋ⁵³	taŋ²¹²
13. 甩	ʂuai²¹⁴	ʂuɛ²¹²	ʂuɛ²¹²	ʂuai²¹²
14. 我	uo²¹⁴	uo²¹²	uo²¹²	~
15. 坏	xuai⁵¹	xuɛ⁵³	xuɛ⁵³	~
16. 累	lei⁵¹	luei⁵³	lei⁵¹	~
17. 鸟	niau²¹⁴	niɔ²¹²	niɔ²¹²	niau²¹²
18. 跳	tʰiau⁵¹	tʰiɔ⁵³	tʰiɔ⁵³	~
19. 多	tuo⁵⁵	tuo⁵⁵	tuo⁵⁵	~
20. 耳	ər²¹⁴	ɚ²¹²	ɚ²¹²	~

　　从表 5-5 中可以看出，西安市城中村的本地居民不管是中老年还是青年，普通话总体不够标准，其中主要是声调。受到西安方言声调的影响，普通话 55 调的字一般可以读准，因为西安方言也有 55 调；普通话 35 调的字，受西安方言影响有时读成 24 调，升得不够高；普通话 214 调的字，读成 212 调；普通话 51 调，受西安方言影响读成 53 调，降得不够低。在西安方言受到普通话强烈冲击的同时，西安人说的普通话也受到方言的影响，并且具有明显的规律性，因此，西安人说的普通话不是标准普通话而是"西安普通话"，是带有西安方言特色的普通话。

不仅仅是声调，普通话个别的声母和韵母也会受到西安方言的影响，诸如普通话"n"声母，是舌尖中浊鼻音，而西安普通话发"ȵ"，属于前腭浊鼻音，这也是受到西安方言的影响。韵母方面，主要是西安方言的鼻化现象较多，受其影响，西安普通话也有鼻化韵母，诸如 [æ̃]。还有一个有意思的现象，普通话"猫"的发音是 [mau⁵⁵]，西安老派方言是 [mau²⁴]，只是声调不同，声母和韵母一样。但西安普通话的发音成了 [mɔ⁵⁵]，跟普通话的声调一致了，但韵母却变得不一致了。可能是声调变了，导致发音时候的口腔开口度起了变化。

另外，就普通话而言，女性的西安普通话略比男性更接近标准普通话，例如"挡"字的普通话读音是 [taŋ²¹⁴]，中老年人和青年男性的西安普通话受西安新派方言的影响发成 [taŋ⁵³]，而青年女性读作 [taŋ²¹²]，虽然调值与标准普通话稍微差了一点，但总体趋势是对的。从总体上看，西安市城中村的青年女性无论从口型还是声调上都比青年男性更接近普通话的发音方法和声调。

（二）西安普通话词语读音

表5-6　西安普通话调查词语统计表

例词	标准普通话	中老年（普通话）	青年（普通话）	
			男性	女性
1. 活泼	xuo³⁵pʰo⁰	xuo²⁴pʰo⁵⁵	xuo²⁴pʰo⁵⁵	～
2. 波浪	po⁵⁵laŋ⁵¹	pʰo⁵⁵laŋ⁵³	po⁵⁵laŋ⁵³	～
3. 砖头	tʂuan⁵⁵tʰou⁰	tʂuæ̃⁵⁵tʰou²⁴	tʂuæ̃⁵⁵tʰou	～
4. 袜子	u ᴬ⁵¹tsʅ⁰	va⁵⁵tsʅ⁰	u ᴬ⁵³tsʅ⁰	～
5. 水稻	ʂuei²¹¹tau⁵¹	ʂuei²¹tɔ⁵³	ʂuei²¹tɔ⁵³	～
6. 挣钱	tʂəŋ⁵¹tɕiæn³⁵	tsəŋ⁵³tɕiæ̃²⁴	tʂəŋ⁵³tɕiæ̃²⁴	～
7. 买书	mai²¹¹ʂu⁵⁵	mɛ²¹ʂu⁵⁵	mɛ²¹ʂu⁵⁵	～
8. 尝一下	tʂʰaŋ³⁵iᵒɕi ᴬ⁵¹	ʂʰaŋ²⁴iᵒɕi ᴬ⁵³	tʂʰaŋ²⁴iᵒɕi ᴬ⁵³	～
9. 机械	tɕi⁵⁵ɕiɛ⁵¹	tɕi⁵⁵tɕiɛ⁵³	tɕi⁵⁵ɕiɛ⁵³	～

续表

例词	标准普通话	中老年（普通话）	青年（普通话）	
			男性	女性
10. 西安	$\varphi i^{55} an^{55}$	$\varphi i^{55} \tilde{æ}^{55}$	$\varphi i^{55} \tilde{æ}^{55}$	～
11. 差不多	$t\underset{.}{s}^{hA51} pu^0 tuo^{55}$	$ts^h a^{53} pu^{53} tuo^{55}$	$t\underset{.}{s}^{hA53} pu^{53} tuo^{55}$	～
12. 日子	$z_{.}\textit{l}^{51} ts\textit{l}$	$z_{.}\textit{l}^{53} ts\textit{l}$	$z_{.}\textit{l}^{53} ts\textit{l}$	～
13. 大伯	$ta^{51} po^{35}$	$ta^{53} pε^{55}$	$ta^{53} po^{24}$	～
14. 眼睛	$ian^{211} tçiŋ^{55}$	$ni\tilde{æ}^{21} tçiŋ^{55}$	$i\tilde{æ}^{21} tçiŋ^{55}$	～
15. 眉毛	$mei^{35} mau^0$	$mi^{24} mɔ^{55}$	$mei^{35} mau^0$	～
16. 老师	$lau^{211} \underset{.}{s}\textit{l}^{55}$	$lɔ^{21} \underset{.}{s}\textit{l}^{55}$	$lau^{21} \underset{.}{s}\textit{l}^{55}$	～
17. 没有	$mei^{34} iou^{214}$	$mε^{24} iou^{212}$	$mei^{24} iou^{212}$	～
18. 得到	$tɤ^{35} tau^{51}$	$tei^{55} tau^{53}$	$tɤ^{24} tau^{53}$	～
19. 一百	$i^{53} pai^{214}$	$i^{53} pε^{55}$	$i^{53} pε^{212}$	～
20. 绿色	$ly^{53} sɤ^{51}$	$liou^{55} sɤ^{53}$	$ly^{53} sɤ^{51}$	～
21. 谈恋爱	$t^h an^{35} liæn^{51} ai^{51}$	$t^h \tilde{æ}^{24} lu\tilde{æ}^{24} ε^{53}$	$t^h \tilde{æ}^{24} li\tilde{æ}^{53} ai^{53}$	～
22. 白色	$pai^{35} sɤ^{51}$	$pei^{24} sei^{53}$	$pε^{24} sɤ^{53}$	～
23. 流泪	$liou^{35} lei^{51}$	$liou^{24} luei^{53}$	$liou^{24} lei^{53}$	～
24. 考试	$k^h au^{211} \underset{.}{s}\textit{l}^{51}$	$k^h ɔ^{21} \underset{.}{s}\textit{l}^{53}$	$k^h au^{21} \underset{.}{s}\textit{l}^{53}$	～
25. 喝水	$xɤ^{55} \underset{.}{s} uei^{214}$	$xɤ^{55} fei^{212}$	$xɤ^{55} \underset{.}{s} uei^{212}$	～
26. 玩耍	$uan^{35} \underset{.}{s} u^{A214}$	$u\tilde{æ}^{35} \underset{.}{s} u^{A212}$	$u\tilde{æ}^{35} \underset{.}{s} u^{A212}$	～
27. 走路	$tsou^{211} lu^{51}$	$tsou^{21} lɣu^{53}$	$tsou^{21} lu^{53}$	～
28. 没事儿	$mei^{35} \underset{.}{s}\textit{l}^0 r^{51}$	$mε^{24} sə^0 r^{53}$	$mei^{35} \underset{.}{s}\textit{l}^0 r^{53}$	～
29. 村庄	$ts^h uən^{55} t\underset{.}{s} uaŋ^{55}$	$ts^h u\tilde{e}^{55} t\underset{.}{s} uaŋ^{55}$	$ts^h u\tilde{e}^{55} t\underset{.}{s} uaŋ^{55}$	～
30. 爷爷	$iε^{35} iε^0$	$iε^{24} iε^0$	$iε^{24} iε^0$	～

西安普通话词语跟单字的特点类似，声母和韵母都在逐步靠近普通话的声母跟韵母，中老年人西安普通话的声母跟韵母还有比较明显的西安方言的影子，例如"波浪"的"波"，普通话声母是不送气的［p］，而中老年人的西安普通话发成送气的［pʰ］，明显受到老派西安方言的影响；老派西安

方言把普通话的舌尖后清塞擦音和擦音 $[t\,\mathrm{s}\,t\,\mathrm{s}^{h}\;\mathrm{s}]$（zh ch sh）读作舌尖前清塞擦音和擦音 $[ts\;ts^{h}\;s]$（z c s），于是中老年西安普通话中"挣钱"的"挣"和"差不多"的"差"的声母依然是 $[ts]$ 和 $[ts^{h}]$；西安方言的唇齿擦音 $[v]$ 声母来自普通话的零声母合口呼，受其影响，普通话的"袜子" $[u^{A51}ts\,\mathrm{l}]$ 在中老年人的西安普通话里读作 $[v\alpha^{53}ts\,\mathrm{l}]$。这些老派西安方言的声母，在新派西安方言里就已经很少听得到了，而在青年人的西安普通话里就更是不复存在了。

青年人西安普通话里的声母已经基本跟普通话保持一致了，但跟声母不同的是，韵母似乎受西安方言的影响更深远一些，连青年人的普通话也避免不了，例如，西安方言的鼻化韵母仍然保留在青年人的西安普通话里，像 $[\tilde{æ}]$ 和 $[\tilde{e}]$。另外，普通话的双元音 $[ai]$ 在西安普通话里被发成了 $[\varepsilon]$，不论是开口度还是长度都打了折扣。

跟声母和韵母比起来，西安普通话声调受西安方言的影响最大，且有比较明显的对应规律：普通话的高平调（55 调）对应西安普通话的 55 调；普通话阳平调（35 调）对应西安普通话的 24 调；普通话上声（214 调）对应西安普通话的 212；普通话的去声调（51 调）对应西安普通话的 53 调。也就是说，即使西安普通话的声母和韵母都向普通话靠拢了，但声调除了 55 调以外都没有完全达到普通话的声调。这是因为，西安方言中本来就有 55 调，所以普通话的 55 调不难达到，但是因为受到西安方言本来声调 24 调和 53 调的影响，本来标准普通话应该读 35 调的，西安普通话往往只读到 24 调，比标准普通话整体降了一度；而标准普通话应该读 51 调的，西安普通话只降到 53 调，没有达到全降调。

最后，青年女性跟青年男性的西安普通话基本没有差异，都是不断向标准普通话靠拢，而青年人的西安普通话是中老年人西安普通话发展的趋势，即中老年人的西安普通话是西安方言向西安普通话的一个过渡阶段，它仍然带有浓浓的西安方言的味道，属于西安普通话等级中"较差"的一个等级，而青年人的西安普通话已经比较接近标准普通话了，属于西安普通话等级中"较好"的一个等级，但它们都是西安方言向标准普通话发展过程中的中介语。随着西安人普通话水平的不断提高，较差的西安普通话会向较好的方向发展，较好的会向更好的方向发展，依据中介语理论，西安普通话会无限地接近标准普通话，直到与标准普通话完全一致，虽然这是一个漫长的动态的发展过程，但西安普通话的前景是可以预见的，那就是无限接近标准普通话。

四、本地居民的语言变化趋势

研究进行中的语言变化是社会语言学的旨趣所在，但进行中的语言变化往往进展缓慢，需要十年、二十年甚至更长的时间，最理想的研究应该是"真实时间"的语言变化研究，即先调查一个言语社区，十年、二十年或更长时间后再回到该言语社区进行重新调查，通过比较不同时间内获得的语言材料以了解言语社区正在发生怎样的语言变化。"真实时间"的语言变化研究虽然理想，但实际操作起来难度却很大。因此，社会语言学中"真实时间"的语言变化研究很难进行，大多数的语言变化研究还得依靠"显像时间"研究，也就是通过同一言语社区内的不同年龄段的被试者在使用某个语言变项时所表现出来的差异研究正在进行中的语言变化。显像时间变异所反映的是体现在几代人的言语特点上的一个语言变体的发展趋势。一种新的变式的使用频率越来越高，预示着下一代人将会更普遍地使用和接受它。

从城中村本地居民老、中、青三代的语言变化中，可以清晰地看到西安方言正在经历的语言变化，也即进行中的语言变化。虽然我们调查的是老、中、青不同年龄阶段的语言，但它不是"年龄级差"现象，而是显像时间所反映出来的语言变化的发展趋势，因为这种语言变化不会随着年龄的增长而消失，也就是说，现在的年轻人到了老年不会改变自己的语言习惯，反而其使用频率会越来越高，并预示着下一代会更普遍地使用。

从前两部分本地居民的方言变化和普通话变化的分析中可以清楚地看到西安方言发展变化的过程：老派西安方言属于北方官话中原方言关中片，共有 4 个单字调，即阴平、阳平、上声和去声，轻声除外；25 个声母（除去零声母）：[p pʻ m]、[pf pfʻ f v]、[t tʻ n l]、[ts tsʻ s]、[tʂ tʂ ʂ ʐ]、[tɕ tɕʻ ɕ] 和 [k kʻ ŋ x]；39 个韵母：开口呼 [ɿ ʅ ɑ o ɤ ər æ ei ɑu ɣu æ̃ aŋ əŋ]、齐齿呼 [i ia iɛ iæ iɑu iʮ iæ̃ iẽ iaŋ iŋ]、合口呼 [u uɑ uɤ uæ uei uæ̃ uẽ uaŋ uəŋ] 和撮口呼 [y yɤ yɛ yæ̃ yẽ yŋ]。自 1986 年国家把推广普通话列为新时期语言文字工作的首要任务以来，受普通话的影响，西安产生了新派西安方言。新派西安方言的声韵调都在向普通话靠拢，比如老派方言里的 [pf pfʻ v ŋ] 4 个声母是普通话里面没有的，其中的三个声母 [pf pfʻ v] 在新派方言里已经消失了，只有 [ŋ] 声母在常用字里保留了下来，如"我" [ŋɤ⁵³]；韵母中除了鼻化韵母 [æ̃ iæ̃ uæ̃ yæ̃] [ẽ iẽ uẽ yẽ] 在新派方言中保留了下来，其他都已经非常靠近普通话了；声调的大方向也是向普通话靠拢，但调值还有一些差异。除了语音，更多的是普通话词汇取代了老派西安方言中的方言词汇，比如普通话的词汇"太阳、去年、香菜、蛇"等取代了方言词汇"日头、年时个、芫荽、长虫"。甚至是最稳固的语法部分也悄然地发生了一些变化，普通话的语法特征正越来越多地出现在了新派西安方言里，例如新派西安方言中的"子"尾词跟普通话的"子"尾词已经很接近了，"把"字句和"给"字句的用法也更接近普通话的句式。

因此，从总体上看，新派西安方言的辨识度已经很高，是一种具有普通话色彩的新派方言，它是在普通话的不断影响和渗透下，说话人有意识地或下意识地向普通话靠拢的结果，是一种自觉的调整行为。而且，新派西安方言的可懂度也得到了大大地提升，也就是说，对于完全没听过西安方言的外地人来说也越来越容易听懂了，所以我们完全可以用"普通西安话"来命名新派西安方言。首先，"普通西安话"的"普通"两字可以理解为是受普通话的影响和渗透；其次，"普通"两字也可以理解为普遍接受和使用范围较广。因此，"普通西安话"可以解释为被西安人尤其是西安的年轻人普遍接受和使用的、受普通话影响的最新派的西安方言。

随着全国范围内普通话的推广，加之城市化进程中外来人口的大量涌入，西安城中村的本地居民不论是老年人还是年轻人普通话的使用频率和使用范围都大大增加。但大部分本地居民说的并不是标准的普通话,而是一种带有西安方言色彩的普通话,或者说是带有西安方言腔的普通话,它是一种向标准普通话过渡的中间状态的语言,被称作"西安普通话",它已经摆脱了方言而属于普通话的范畴,只是不够标准,但它会不断地向标准普通话靠拢。在靠拢过程中出现了不同的"西安普通话"等级,根据本次的调查结果,中老年西安人说的"西安普通话"属于"较差"等级的西安普通话,而青年人说的属于"较好"等级的西安普通话,"较差"等级的会逐步发展为"较好"等级的西安普通话,而"较好"等级的会向更好的等级发展,直至无限接近标准普通话。

无论是"普通西安话"还是"西安普通话",都是西安方言向标准普通话发展的过渡阶段,都属于"中介语"的范畴,两者都含有一定的方言成分和普通话成分,只是程度不同,但两者的发展方向是一致的,都是逐步向标准普通话靠拢,这样一个方言向普通话演变发展的动态过程可以概括为以下四个阶段:

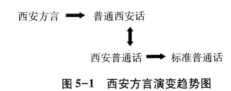

图 5-1　西安方言演变趋势图

上图中的"西安方言"即老派西安方言,先发展为新派西安方言,成为辨识度很高的被大家普遍接受的"普通西安话",同时说"普通西安话"的年轻人很多也会说普通话,但受方言影响,他们说的是"西安普通话",但会无限地向"标准普通话"靠拢。前两个阶段的语言都属于方言,后两个阶段的语言属于普通话范畴。

其中的"普通西安话"和"西安普通话"是两个共存的阶段,青年人在说方言的场合说的是"普通西安话",而在说普通话的场合说的是"西安普通话",根据第二章的研究结果,青年人对内(家人中的长辈和同乡朋友)说话时实际说的是"普通西安话";对外(在公共场合或对客户/顾客)

说话时说的是"西安普通话"，操这两种语言变体的双言者根据场合和说话对象进行语码转换，以达到成功交际的目的。

五、外来人员的语言变化

从第一章的数据（图1-1）可以看出，居住在西安市北山门口村的外来人员来自15个不同的省份，包括四川、浙江、安徽、福建、甘肃、河北、河南、湖北、湖南、江苏、江西、内蒙古、宁夏、山东和山西，以及陕西省内除西安市以外的其他县市。因外来人员的来源地方言庞杂，不可能像本地居民那样做每一种方言的语音、词汇和语法的发展变化调查，因此针对外来人员只考察他们语言使用上的宏观发展变化。

（一）外来人员的语言使用变化

针对外来人员在家乡和在西安时的语言使用情况做对比统计，设定选项"全部用家乡话"为1，"家乡话占多数"为2，"普通话和家乡话差不多"为3，"普通话占多数"为4，"全部用普通话"为5。统计结果如表5-7所示：

表5-7 外来人员在家乡的语言使用情况均值表

	均值（Mean）
和长辈、父母交谈时	1.15
和同乡配偶交谈时	1.15
和异乡配偶交谈时	4.53
和孩子交谈时	2.16
和同乡同事交谈时	1.67
和异乡同事交谈时	3.33
和客户、顾客交谈时	3.34
在公共场所交谈时	2.98

在家乡时，跟长辈、父母交谈以及跟同乡配偶交谈，外来人员几乎全部用家乡话（均值为1.15），使用家乡话的均值是最高的；其次是跟同乡同事交谈（均值为1.67），表明家乡话使用占多数；跟孩子交谈时，也是家乡话占多数（均值为2.16），只是偶尔会使用普通话；外来人员在家乡的公共场合交谈时，也是普通话和家乡话差不多（均值为2.98，接近3）；跟异乡同事交谈或跟客户/顾客交谈，也是普通话和家乡话差不多（均值分别为3.33和3.34）；外来人员普通话频率使用最高的情形是跟异乡配偶交谈时，均值为4.53，几乎全部用普通话。

但是，一旦外来人员离开了家乡，他们的语言使用状况就会发生很大的改变。表5-8显示，外来人员身在异乡西安，跟长辈、父母和同乡配偶交谈时，仍然是全部用家乡话（均值分别为1.17和1.27），这跟在家乡时变化不大；在跟同乡同事交谈时，无论在家乡还是在西安，都是家乡话使用占多数（均值为1.94）；在西安的外来人员跟孩子交谈时，均值为2.66，表明普通话和家乡话差不多，而在家乡，他们跟孩子说话时，是家乡话占多数；外来人员在西安跟异乡同事、客户/顾客或在公共场合交谈时，都是普通话占多数（均值分别为4.14、4.34和4.35），这跟在家乡时的情形完全不同，在家乡时这种场合都是普通话和家乡话使用的频率差不多；比较相似的一点是外来人员跟异乡配偶交谈时，无论在家乡还是在西安，都是几乎全部用普通话，而且这种情形都是所有情形中普通话使用频率最高的。

表5-8　外来人员在西安的语言使用情况均值表

	均值（Mean）
和长辈、父母交谈时	1.17
和同乡配偶交谈时	1.27
和异乡配偶交谈时	4.65
和孩子交谈时	2.66
和同乡同事交谈时	1.94
和异乡同事交谈时	4.14
和客户、顾客交谈时	4.34
在公共场所交谈时	4.35

（二）外来人员的语言变化趋势

从上文的分析可以看到这样一个外来人员的语言变化趋势，即外来人员对外交流时（主要是指在公共场合或者跟客户/顾客的交流）普通话的使用频率明显上升；而对内交流时（主要是指跟家人/长辈和同乡配偶的交流）语言使用状况变化不大；但在跟孩子（下一代）交流时，在异乡比在家乡跟孩子说普通话的比例有所升高。

这样一个变化趋势说明，当人口流动时，面对操不同方言的交谈对象时，普通话成为人们首选的交流工具，这也正是我国推广普通话的初衷和主要目的。普通话作为全国通用的共同语言，架起了操不同语言或者方言的国人的沟通桥梁，随着城市化进程的加剧，流动人口数量的激增，普通话凸显出了越来越重要的作用和社会影响力。因此，可以预测，随着外来人员使用普通话频率的增加，他们的普通话能力也会越来越高，也就是说普通话会说得越来越好，随着他们来自普通话的受益越来越多，他们对待普通话的态度也会更加积极；同时他们的下一代因为从小生活在异乡，普通话的使用频率会比他们的父辈更高、普通话能力也比他们的父辈更好；到了移民的第三代，可能已经不再会说家乡话了，普通话和当地的方言会变成他们使用的主要语言变体，这一点还有待于进一步跟踪调查和研究。

第六章　结论与思考

一、西安市城中村居民语言使用状况研究结论

（一）西安市城中村本地居民的语言使用状况

本次深入调查的西安市南郊的北山门口村是典型的城中村，全村的本地居民只有不到四千人，而租住其中的外来人口已经达到了 7 万—8 万，远远超过了本地居民，在庞大的外来人口面前，再加上迅猛的城市化进程，城中村本地居民的语言状况正在发生前所未有的变化，而追踪这些"进行中的变化"正是社会语言学研究的宗旨所在。

20 世纪 90 年代中后期以来，城中村的本地居民面对着越来越多的外来人口以及快速的城市化进程，原本操本地方言的单一的语言环境被打破，当地居民要跟天南海北的外地人交流，首选的就是国家大力提倡推广的普通话，因此本地居民使用普通话的频率明显上升，他们也都逐渐变成了操本地方言跟普通话的双言者。这短短的二十年，本地居民的语言能力得到了大大提升，特别是普通话能力。本地居民对自身普通话能力的自我评估结果颇高：能准确流利地使用普通话的人数占到被试者的 42%；能熟练使用但有一些口音的占 40%；基本能交谈的有 12%；能听懂但不太会说的只有 6%；完全听不懂也不会说的没有。虽然不排除他们对自己的普通话能力的评估过高，但这也能从侧面反映出本地居民的普通话能力的确比 20 年前有了很大幅度的提高。

普通话语言能力的提高也促使本地居民使用普通话的频率有所增加，并

且本地居民使用普通话的模式具有高度的一致性，即在公共场合，比如商店、银行、医院等，因为在这些场合，人员构成较为复杂，各自具有不同的来源地、不同的职业背景、不同的教育背景、不同的年龄层次等，因此说普通话更保险、更容易沟通交流。另外，对做生意的本地居民来说，跟顾客或者客户说话时，他们也大多使用普通话，因为顾客跟客户不仅仅是本地人，而且男女老幼各有不同，所以普通话使用频率较高。但是本地居民在跟自己的家人，尤其是面对父母长辈和同乡配偶的时候，西安话的使用占有绝对的优势。另外，在跟同乡的朋友或熟人说话时，也大多使用西安话。但在对孩子说话的时候，情形有所不同，孩子虽然是家人，但对孩子全部用普通话的比例占 17.75%，而对其他的家人是只用西安话的，这跟对孩子不同的语言态度有关。针对城中村本地居民的语言态度的调查证实了这一点。

城中村本地居民对孩子也就是下一代的普通话水平的期望值远远高于对自身普通话水平的期望值，他们中的大多数都希望孩子能准确流利地说普通话，为了达到这个期望，自己跟孩子说话时使用普通话也就不难理解了。但在孩子能准确流利地使用普通话的同时，他们也希望孩子会说西安话，"不要忘了自己的根"，同时也"便于跟家乡人沟通"，"有利于继承和保留地方文化"。

城中村的本地居民大都是操西安话跟普通话的双言者，但他们对待两种语言变体的态度却截然不同，从情感的角度来看，本地居民更喜爱西安话，也觉得西安话更亲切。这也难怪，西安话的使用对象是长辈跟同乡的配偶，这些都是他们最亲近的人，所以他们喜爱西安话，认为西安话亲切也是理所应当的。但有意思的是，在对两种语言变体谁更"好听"的评价上，本地居民选择的却是普通话，同时对普通话的评价也是更"有用"、更"有社会影响"。本地居民认为普通话更有用、更有社会影响并不难理解，我国推广普通话的目的就是为了让多民族、多方言的祖国有一个民族共同语，架起不同民族、不同方言区人们沟通的桥梁，因此普通话比任何一种民族语言或汉语方言都更有用、更有社会影响，同时也有更大的经济效益。除此之外，普通话还是文化教养的标志，此次的调查研究也证实了，文化程度越高普通话水平就越高。因此，虽然城中村的本地居民认为西安话更亲切，但因为普通话是教养和地位的标志，所以对普通话的"仰视"态度决定了他们认为普通话更好听。

（二）常见的社会因素对城中村本地居民语言使用的影响

1. 性别对城中村本地居民语言使用的影响

"性别与语言"一直是社会语言学界关注的热门话题，大多数的学者承认"男子和女子在语言习得、语言能力和语言运用上都有一定的差异，两者的差异是有关生理、心理和社会三方面的原因综合作用的结果"[1]。与男性相比，女性使用的模式与惊异、礼貌之间的关系更多（Brend，1975）。莱考夫认为，妇女所处的"无权地位"影响到她们的言语风格。女性说话所用的语体要比男性委婉、犹豫、含混。[2]

社会对不同性别角色的要求和培养不同，导致女性处于从属地位，因而女性比男性更加注重自己的言行，也更加意识到礼貌语言与规范语言的必要性。"并且女性往往肩负起教会孩子说话和其他行为准则的责任。故女性的语言比较细腻、委婉、规范。"[3]

依照"社会语言学性别语言模式"（sociolinguistic gender pattern）[4]，尤其是在对孩子说话时，女性应该更倾向于使用语言的标准变体，因为女性更多地承担着教育下一代的责任。但此次调查的结果并没有印证这一结论，尤其是在跟孩子说话时，女性并没有表现出比男性更多地使用普通话的倾向。图6-1显示，在跟"孩子"说话时，女性语言使用情况的均值为3.17，而男性为3.06，基本上属于一个层级，都属于"普通话和西安话差不多"一级，即在跟孩子说话时，女性跟男性区别不大，女性并没有显示出比男性更倾向于使用语言的标准变体。

---

① 游汝杰、邹嘉彦：《社会语言学教程》，复旦大学出版社2004年版，第27页。
② R. Lakoff, *Language and Woman's Place*, New York：Harper & Row, 1975, p. 8.
③ 游汝杰、邹嘉彦：《社会语言学教程》，复旦大学出版社2004年版，第27—28页。
④ Fasold Ralph, *The Sociolinguistics of Language*, Oxford：Basil Blackwell, 1990, p. 92.

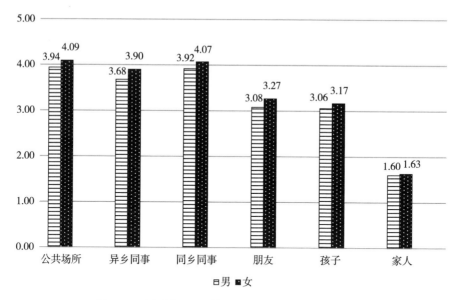

图6-1　本地居民不同性别语言使用情况均值差异图

同样，此次对城中村本地居民语言能力和语言态度影响因素的调查结果也均未显示"性别"是显著性影响因素之一。"性别"对于城中村本地居民的普通话能力及水平没有显著性的影响，从图6-2中可以看出女性的普通话能力呈现两极分化的趋势，即能"准确使用普通话"的和"不会用普通话交谈"的都是女性占据多数，而居于中间状态的，即能达到基本或熟练使用却带有口音的，男性居多。从整体上看来，性别对普通话水平的影响不够显著，也就是说，此次研究并没有印证有些语言学家得出的结论，认为女性的语言比男性更规范，换句话说，女性使用普通话的频率不比男性高，其普通话水平也并不比男性高。

最后，"性别"也没有显著地影响本地居民对于"普通话"和"西安话"的语言态度，如下图所示：

图6-3显示女性本地居民对普通话的态度呈现两极分化的态势，喜欢普通话的人数（39.23%）多于男性本地居民喜欢普通话的人数（31.82%）；不喜欢普通话的人数（8.84%）也多过不喜欢普通话的男性本地居民（7.27%）。而居于中间状态的"一般"跟"比较喜欢"的人群，女

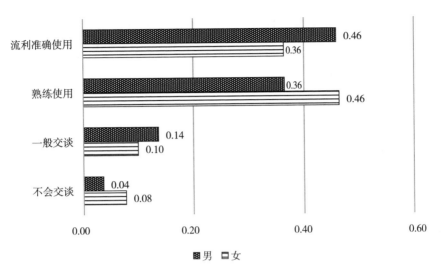

图 6-2　不同性别本地居民的普通话能力差异图

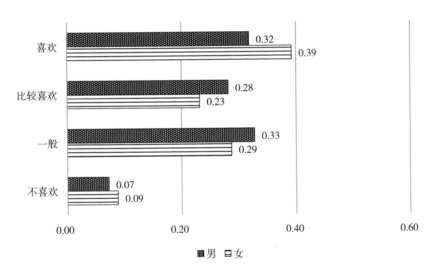

图 6-3　不同性别本地居民对普通话喜爱程度的差异图

性和男性所占比例差距不大。

　　从此次的调查研究结果看，"性别"对西安市城中村本地居民的语言使用、语言能力和语言态度均没有显著性影响。但第五章"西安市城中村居民的语言变化趋势"的调查结果显示，青年女性是语言变化的引领者，青年女性的语言是西安新派方言的代表，标志着语言发展的方向，因此青年女性的语言比青年男性更接近标准普通话。因此"性别"与"语言"的关系较为复杂，并没有一个固定的模式，应该视具体情况而具体考察、分析，这些都值得语言学家们进一步探讨和研究。

2. 文化程度对城中村本地居民语言使用的影响

本书第二、三、四章调查研究的结果显示，"文化程度"是影响西安市城中村本地居民语言使用、语言能力和语言态度的最为显著的影响因素。在语言使用、语言能力、语言态度这三项所有显著性影响因素的调查中，"文化程度"均排在第一位，可见"文化程度"与"语言"的关系最为密切。

首先，文化程度对城中村本地居民的普通话使用具有显著性影响，且呈正相关关系：文化程度越高，本地居民普通话的使用频率就越高；文化程度越低，普通话的使用频率也就越低。如果普通话的使用频率高了，相对而言，西安话的使用频率就会降低。因此，"普通话"成为文化教养的标志，操普通话的本地居民大多文化程度也较高。

其次，文化程度对城中村本地居民的普通话水平也具有显著性影响。本地居民的文化程度越高，普通话水平就越高；文化程度越低，普通话水平就越低。本地居民中能准确流利地使用普通话的绝大部分具有大专及以上学历，而不会说普通话的大多是本地居民中小学及以下文化程度的。

最后，文化程度越高的本地居民使用普通话的频率越高，普通话的能力越强，也就越喜欢普通话，对普通话的态度也就越积极；相反，文化程度低的本地居民不太会说普通话，使用普通话的频率也就越低，这样他们的普通话能力就相对较弱，因此也就越不喜欢普通话，对待普通话的态度也就越不积极。

3. 年龄对城中村本地居民语言使用的影响

"年龄"也是影响西安市城中村本地居民语言使用、语言能力和语言态度的显著性因素之一，而且在所有显著性影响因素中，只有年龄的标准化系数（Standardized Coefficients）为负数，说明"年龄"与本地居民语言使用、语言能力和语言态度呈负相关。

首先，本地居民的年龄与普通话的使用呈负相关，年龄越大的居民使用普通话的频率越低，年龄越小的居民使用普通话的频率越高。

其次，本地居民的年龄与普通话水平也呈负相关，也就是说，本地居民的年龄越大，其普通话水平越低；年龄越小普通话的水平越高。

最后，本地居民的年龄与普通话态度呈负相关，即年龄越大，对普通话的态度越消极，越不喜欢说普通话，对普通话的评价也就越低；年龄越小，越喜欢说普通话，对普通话的评价也就越高。

4. 其他因素对城中村本地居民语言使用的影响

除了"性别、文化程度和年龄"，此次研究还考查了"职业、收入、流动取向（您打算去外地工作吗）、学习普通话的起始时间（您从什么时候开始说普通话的）、对自身普通话的期望程度（您希望自己的普通话达到什么程度）"等社会因素对本地居民的语言是否有影响。调查结果显示，"职业、收入、流动取向"对城中村本地居民的语言均没有显著性影响，"学习普通话起始时间"和"对自身普通话的期望程度"这两个因素对本地居民的语言使用和语言能力具有显著性影响。

"学习普通话起始时间"和"对自身普通话期望值"与城中村本地居民普通话的使用呈正相关，即学习普通话的时间越早、对自身普通话期望值越高，普通话的使用频率就越高；反之，越晚学习普通话、对自身普通话程度没有什么期望的，普通话的使用频率越低。

"学习普通话起始时间"和"对自身普通话期望值"也是影响城中村本地居民普通话水平的显著因素，且与普通话水平呈正相关，即学习普通话的时间越早、对自身普通话期望值越高，普通话的水平就越高；反之，学习普通话的时间越晚、对自身普通话程度期望值越低，则普通话的水平越低。

最后，值得一提的是，"学习普通话起始时间"和"对自身普通话期望值"这两个因素对本地居民的语言态度没有显著性影响。

（三）西安市城中村外来人员的语言使用状况

租住在西安市南郊典型城中村——北山门口村的外来人员已经达到了7万—8万，而本地居民只有不到四千人，其数量远远超过了本地居民。据统计，北山门口村的外来人员来自包括陕西省在内的 16 个省市自治区，他们随着城市化进程从四面八方汇聚到这里，共同居住在这个面积仅有 550 亩的城中村。庞大的外来人员操着各自不同的方言，北山门口村的外来人员来自八个不同的方言区，即北方官话、晋语、赣语、吴语、湘语、西南话、闽语和江淮语，这些方言差异巨大，形成了一个多方言混杂的语言环境，再加上还有操西安方言的本地居民，因此他们要想在北山门口村和谐共生，需要一个共同语作为交际的工具，这个统一的共同语当然非普通话莫属。

根据第五章"外来人员的语言变化"部分的研究结果，来到西安以后，外来人员在公共场合的普通话使用频率明显增加，语言使用均值为 4.35，即普通话使用占多数；而在家乡时，在公共场合使用普通话的频率较低，语言使用均值仅为 2.98，也就是家乡话的使用频率略高于普通话。从这一数值的变化就可以明显看出，外来人员与操其他方言的人交流时，普通话的使用频率就明显上升，但同时，即使是身处异乡，外来人员跟家人尤其是父母长辈交流时，仍然是家乡话使用占据优势。

这样西安市城中村的外来人员跟本地居民形成了语言使用的共同模式（见图 2-11）：

即在跟"外人"，包括公共场合和异乡同事及顾客/客户等交流时使用普通话；跟家人，尤其是父母及长辈亲人交流时使用家乡话。这样虽然外来人员来自四面八方，但跟本地居民以及相互之间形成了语言使用的共识，因此能和谐共处。

城中村的外来人员由于普通话的使用频率比在家乡时有较大幅度的提高，因此普通话的语言能力也有所增强。第三章的研究显示，能准确流利及熟练使用普通话的外来人员达到 77%，虽然不排除他们可能对自己的普通话能力的评估偏高，但也能从一定程度上反映出他们的普通话能力的确比在家乡时有所提高。

居住在西安市城中村的外来人员虽然身处异乡，但对家乡话的感情倾向还是比较明显的，高达 66.82% 的外来人员最喜欢的是家乡话，同时也觉得家乡话更亲切，但在功能评价方面，他们还是认为普通话更"有用"及更

"有社会影响"。因此，外来人员跟本地居民一样，对孩子也就是下一代的普通话水平的期望值远远高于对自身普通话水平的期望值，他们中的大多数都希望孩子能说准确流利的普通话。但同时也希望他们能保持家乡话，不要忘了自己的方言，因为他们认为孩子会说家乡话就能"便于跟家乡人沟通"和"有利于继承和保留地方文化"或者"不忘自己的根"。

（四）常见的社会因素对城中村外来人员语言使用的影响

1. 性别对城中村外来人员语言使用的影响

与城中村本地居民一样，此次研究同样证实性别对外来人员的语言运用、语言能力和语言态度均没有显著性影响。

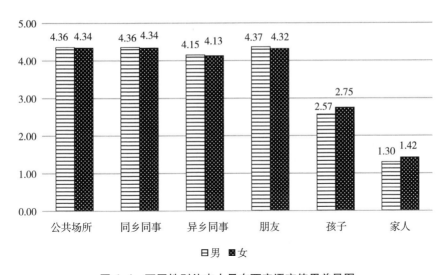

图 6-4　不同性别外来人员在西安语言使用差异图

图 6-4 显示，无论在何种场合，无论说话的对象是谁，男性外来人员和女性外来人员的语言使用频率均差异不大，都属于一个等级。例如，在跟孩子说话时，女性和男性都是属于"普通话和家乡话差不多"的等级，女性的均值只稍稍高于男性，但并没有本质上的差异。

再看不同性别的外来人员普通话能力的差异，图 6-5 显示，能"熟练使用"普通话的男性和女性的比例不相上下；"准确使用"普通话的女性比

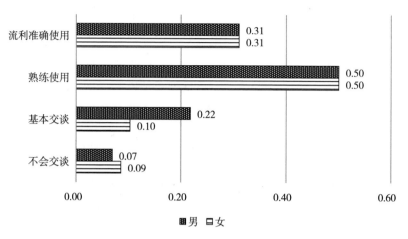

图6-5　不同性别外来人员在西安普通话能力差异图

率高于男性；而能用普通话"基本交谈"的男性多于女性，这种差异在现实生活中是存在的，女性的语言能力会稍强于男性，因此普通话也会比男性说得更标准，但这种差异并不显著，并没有影响男性和女性的整体普通话能力。

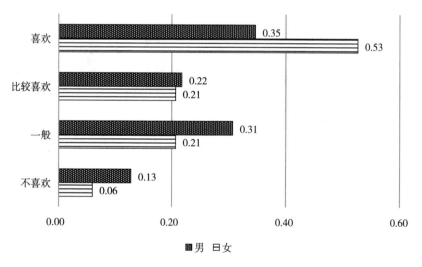

图6-6　不同性别外来人员对普通话喜爱程度的差异图

图6-6显示女性外来人员喜欢普通话的人数占了52.59%，而喜欢普通话的男性外来人员只占34.65%，女性所占比例较高。而不喜欢普通话的男

性外来人员比女性多。虽然访谈的时候，调查人员也感觉女性外来人员比男性外来人员更喜欢普通话，但经过多元线性回归检测，此因素并不构成对语言态度的显著性影响，证明了女性更喜欢普通话的现象可能存在，但性别因素对语言态度的影响不够显著。

2. 文化程度对城中村外来人员语言使用的影响

"文化程度"同样是影响西安市城中村外来人员语言使用、语言能力和语言态度的最为显著的因素之一。

"文化程度"是排在第二位的影响外来人员在西安语言使用的显著性因素，它与外来人员在西安普通话的使用呈正相关，即文化程度越高的外来人员在西安普通话使用的频率越高，而文化程度越低的外来人员使用普通话的频率也越低。

在对外来人员语言能力具有显著性影响因素的调查中，"文化程度"也排在第二位，它与外来人员的普通话能力和水平同样呈正相关，即外来人员的文化程度越高，普通话能力就越高；文化程度越低，普通话能力就越低。根据调查，在"准确使用"普通话的外来人群中，具有大专及以上文化程度的人占43.1%，随着文化程度的降低，"准确使用"普通话的人数比例随之降低；相反，"小学及以下"文化程度的外来人员不会用普通话交流的人数所占比重最大，达到58.82%。

最后，"文化程度"是位列第一的对外来人员普通话态度的显著性影响因素。同样，"文化程度"与外来人员普通话的态度呈正相关，即文化程度越高的外来人员对普通话的态度越积极或者说越喜爱，文化程度越低的外来人员对普通话的态度越消极或者说越不喜爱。

文化程度越高的外来人员使用普通话的频率越高，相应地，其普通话的能力也越强，因此他们对待普通话的态度也就越积极，这是一个良性的循环圈；相反，文化程度低的外来人员不太会说普通话，使用普通话的频率也就越低，这样他们的普通话能力就相对较弱，因此对普通话的态度也就越不积极。

3. 年龄对城中村外来人员语言使用的影响

年龄是影响西安市城中村外来人员语言使用和语言态度的显著性影响因素之一。

首先，年龄是影响城中村外来人员在西安语言使用的最为显著的因素，且外来人员的年龄与其在西安普通话的使用呈负相关，即年龄越大的外来人员在西安使用普通话的频率越低；相反，年龄越小的使用普通话的频率越高。

其次，年龄仅次于文化程度，在影响外来人员语言态度的显著性因素中排第二。同样，年龄也与外来人员对普通话的喜爱程度呈负相关，即年龄越大的外来人员越不喜欢普通话，对普通话的态度越消极；年龄越小的外来人员越喜欢普通话，对普通话的态度也越积极。

最后，与城中村本地居民不同的是，年龄并不是影响外来人员语言能力的显著性因素，也就是说，年龄对外来人员的普通话能力和水平没有显著性影响。

4. 其他因素对城中村外来人员语言使用的影响

除了性别、文化程度和年龄，此次研究还考查了职业、收入、流动取向（您打算去外地工作吗）、居住时间（在西安）、学习普通话的起始时间（您从什么时候开始说普通话的）、对自身普通话的期望程度（您希望自己的普通话达到什么程度）等社会因素对外来人员的语言是否有影响。调查结果显示，"职业、收入、流动取向和居住时间"对城中村外来人员的语言均没有显著性影响，"学习普通话起始时间"和"对自身普通话的期望程度"这两个因素对外来人员的语言使用和语言能力具有显著性影响。

首先，"对自身普通话的期望程度"和"学习普通话起始时间"是对城中村外来人员语言使用的显著性影响因素，并且跟他们的语言使用呈正相关，即对自身普通话期望值越高、学习普通话时间越早的外来人员，其普通话的使用频率就越高；反之，对自身普通话程度没有什么期望的并且越晚学习普通话的外来人员，其普通话的使用频率越低。

其次，"对自身普通话的期望程度"和"学习普通话起始时间"也是影响城中村外来人员语言能力的显著性因素，其中"对自身普通话的期望程度"是位列第一的最为显著的影响因素。同样，这两个影响因素与外来人员的普通话能力和水平也呈正相关，即对自身普通话期望值越高、学习普通话的时间越早的外来人员其普通话水平就越高；反之，对自身普通话程度没有什么期望的、而且越晚学习普通话的外来人员，其普通话的水平也就越低。

最后，跟城中村本地居民具有高度一致的是，"对自身普通话期望值"和"学习普通话起始时间"这两个因素对城中村外来人员的语言态度也没有显著性影响。

二、城中村是典型的言语社区

一直以来，语言学中关于"言语社区"的概念使语言学家们争论不休，但不管语言学家们如何争论它的定义，他们对于"言语社区"所具有的特征和构成要素的看法却基本一致。根据诸多语言学家陆陆续续提出的见解，徐大明最后总结出了言语社区构成的五大要素，即人口、地域、互动、认同和设施。

依据这五大要素，西安市南郊北山门口村是不是典型的言语社区呢？

1. 人口。北山门口村是一个拥有村户 1375 户，13 个村民小组，3581 名村民（即本地居民）的城中村。因交通便利，该村吸引了外来人口 7 万—8 万租住其中，私房出租成了村民主要的收入来源，同时村内做生意的本地人也不少。北山门口村居住的本地居民人口相对稳定，主要是以血缘为纽带的核心家庭模式，每家从三口到六七口不等。虽然北山门口村作为城中村，外来人口大大超过本村的固定人口，但外来人员流动性较大，而且只是租住在村里，一旦条件稍有好转，外来人员大多选择居住条件更好的单元房，或者自己贷款购房。因此，外来人员的流动并没有影响本地居民的稳定性，只是增加了本地居民与外来人员互相交流的机会。

2. 地域。北山门口村位于西安市雁塔区电子城繁华地带，电子正街将村分为东西两部分，全村占地面积约550亩，均为住宅用地，耕地已全部被国家征用，是一个典型的城中村。北山门口村地理位置优越，位于电子城的核心地带，交通便利，生活设施齐全，周边住宅小区、商业网点林立，村内第三产业发达。自隋朝（公元582年）起，北山门口村就奠定了现在的位置和基础，唐、宋、明、清、民国时代印制的地图中均出现了北三（山）门口村。1000多年以来，北山门口村有着相对固定的地域，而且村民世代繁衍栖息于此，形成了迄今以孙姓和桑姓为主的家族村落，此村落有着相对固定的人口、地域、组织结构和文化，符合社会学中"社区"的定义。

3. 互动。北山门口村的本地居民世代居住于此，有着悠久的历史渊源，他们有共同的祖先，相同的姓氏，共同的语言，彼此之间相互认识，人与人、户与户之间的交际频繁，甚至有很多同姓都是或远或近的亲戚。租住其中的外来人员，因为是租住户，与本地居民有着租客与房主的租赁关系，因此与本地居民有着密切的互动关系。另外，外来人员之间因为同是异乡人，又居住在同一个村庄，彼此之间的交流互动更是必要。总体来看，北山门口村虽然是一个由不同语言、不同背景居民构成的城中村，但本地居民和外来人员相互交往密切、互动频繁。

4. 认同。首先，北山门口村的本地居民认同感很强。他们中的很多人有着共同的姓氏。孙姓和桑姓是全村目前最大的两个姓氏，孙姓约200户，600多人；桑姓近200户，700余人。其他的大户还有：赵姓80余户，200多人；曹姓近70户，100余人；贾姓约70户，100余人；刘姓50多户，近200人；王姓50多户，近200人；唐姓40余户，近100人。同姓的村民意味着同祖同宗，再加上很多人还是或远或近的亲戚，认同感进一步加强。其次，外来人员跟本地居民之间对语言使用模式有着相同的认知。他们在长期的互动交流中形成了统一的语言使用模式，即"对外"使用普通话，"对内"使用家乡话。也就是说，无论是本地居民还是外来人员，当他们在公共场合跟客户/顾客交流时，使用普通话；当他们跟家人主要是长辈和同乡的朋友交流时，使用家乡话。最后，本地居民跟外来人员对方言和普通话的态度和评价一致。他们普遍从情感上倾向于当地方言，喜爱自己的方言，但同时又认识到民族共同语——普通话更有用、更有社会影响，期望自己的孩子/下一代能很好地使用普通话，但同时也要保持住自己的方言。

5. 设施。北山门口村的本地居民世代聚居在这里，他们有着很强的认同感和归属感，彼此之间保持着频繁的互动交往。村里有着共同的组织机构——村委会，有大家共同推选出的村长、村支书等带头人，有共同的财产——村集体财产积累约2.8亿元，同时村里也有着大家共同遵守的传统文化习俗和规范，例如婚丧嫁娶的仪式、节日庆典等。北山门口村的外来人员租住在这里，与本地居民共享村里的公共交通和设施。

综上所述，北山门口村是一个有着相对固定的人口、地域，村民之间、村民与外来人员之间互动频繁，并享有共同公共设施，具有相同的语言使用模式和语言态度的典型的言语社区。虽然外来人员的人口数量很大，但这并没有对整个村民的生活习性及组织结构造成根本性的影响，反而促成了本地居民与外来人员共同的语言使用模式：对家人及朋友说话时使用各自的家乡话，对外交往时，包括外来人员、顾客/客户等使用普通话，确切地说应该是带有地方方言特色的普通话。对于这两种语言变体——家乡话和普通话，北山门口村的本地居民和外来人员也有着相同的语言态度和评价，并由此形成了共同的语言规范和言语行为。

三、城中村居民的语言变化趋势

（一）城中村本地居民的语言变化趋势

本次研究结合方言学发音合作人和社会语言学"显像时间"的研究方法，调查了西安市北山门口村老、中、青三代本地居民的语言变异，反映出了三代人言语特点上的一个发展趋势，这个发展趋势预示着西安方言未来的变化趋势。

（1）本地居民西安方言的发展变化

此次调查了老、中、青三代的西安方言，可以清楚地看到，本地居民中的老年人说的都是老派西安方言，中年人中的大多数说的也是老派西安方言，只有极少一部分中年人，而且只表现在个别的语言上跟青年人一样属于新派西安方言，因此这极少数的新派中年人在本次调查中忽略不计，只分为中老年人说的老派西安方言和青年人说的新派西安方言两种，同时青年人中男性和女性又稍有不同，青年女性是语言变化的引领者，代表着最新派的西安方言，因此，本次调查结果是以青年女性的发音作为新派西安方言的代表。

新派西安方言的声韵调均明显受到普通话的影响，首先是"声调"，除了上声调其余声调的调值都在向普通话靠拢：老派 55 调的，根据单字普通话的声调而变，普通话是 35 调的，新派也读 35 调，普通话是 214 调的，新派只降不升读 51 调或 53 调；老派 31 调的，新派大多读为 55 调。其次是声母，整体趋势仍然是向普通话靠拢，例如老派西安方言里的 ［pf pfʻ v ŋ］ 4 个声母是普通话里面没有的，其中的三个声母 ［pf pfʻ v］ 在新派方言里已经消失了，只有 ［ŋ］ 声母在常用字里保留了下来，如"我"［ŋɣ⁵³］。最后，老派西安方言韵母中的鼻化韵母 ［æ̃ iæ̃ uæ̃ yæ̃］［ẽ iẽ uẽ yẽ］，因为它们与普通话有着较为规律的对应关系，所以新派方言大部分保留了下来，但其中的 ［æ̃］ 两韵有向普通话 ［an ən］ 发展的趋势；除了鼻化韵母，新派西安方言的其他韵母都已经非常靠近普通话了。

除了语音，新派西安方言的词汇、语法也同时向普通话靠拢，尤其是方言词汇。在普通话初步普及的语言环境里，方言词汇除了受到普通话词汇的冲击，同时也面临着新生事物的挑战。半个世纪以来是中国社会大发展的时期，社会的巨变必然导致新事物、新思想的产生，这些都促使普通话的词汇自然而然地取代了原有的方言词汇。

总体来看，西安方言词汇有三个发展变化趋势：一类是具有特色的方言词语，诸如俗语、称谓、日常用语等，因为具有浓郁的地方特色，又跟人们日常生活紧密相关，代代口耳相传，因此得到了很好的沿袭，被保留了下来；一类是随着城中村本地居民生活方式的改变，而渐渐淡出了人们日常生活的方言词汇，比如，一些跟农村生活相关的农事、农具、动物、植物等的方言词汇；还有一部分方言词汇被普通话词汇所取代，但读音仍保留西安方言的读音，也有的是中老年人使用方言词汇，年轻人使用普通话词汇，很多年轻人能听懂长辈说的方言词汇但自己不用，他们跟孩子也不使用老派的方言词汇，久而久之，这些老派西安方言词汇就会逐渐消失。

语法是一个语言中最稳固的部分，但即便如此，近半个世纪以来，由于受到普通话的强烈冲击，西安方言的语法结构也悄悄发生了一些变化：西安方言"子"字尾、"儿"字尾、"人"字尾的用法正在向普通话语法靠拢；西安方言中的程度副词、"把"字句、"给"字句等用法也逐渐与普通话保持一致。

新派西安方言从声调、声母、韵母方面都与老派西安方言发生了显著变化，而且新派方言声韵调的变化向普通话靠拢的趋势明显，其结果是新派西安方言总体跟普通话越来越接近，只是声调差异比较明显，这也使得新派西安方言的可懂度越来越高，对于完全没听过西安方言的外地人来说也越来越容易听懂了，所以完全可以用"普通西安话"来命名新派西安方言。"普通西安话"可以解释为被西安人尤其是西安的年轻人普遍接受和使用的、受普通话影响的最新派的西安方言。

（2）本地居民普通话的发展变化

西安市北山门口村本地居民的普通话总体来看不够标准，但年轻人的普通话要好于中老年人，文化程度高的要好于文化程度低的，女性说的普通话比男性说的更接近标准普通话，因此，可以说西安人说的普通话不是标准普通话而是"西安普通话"，是带有西安方言特色的普通话。

"西安普通话"主要是受西安方言声调的影响较大，普通话55调的字一般可以读准，因为西安方言也有55调；普通话35调的字，受西安方言影响读成24调，升得不够高；普通话214调的字，读成212调；普通话51调的，受西安方言影响读成53调，降得不够低。

除了声调，"西安普通话"的声母和韵母，尤其是中老年人说的"较差"级别的"西安普通话"的声、韵母受西安方言的影响较显著，比如，老派西安方言把普通话的舌尖后清塞擦音和擦音［tʂtʂʰʂ］（zh ch sh）读作舌尖前清塞擦音和擦音［ts tsʰ s］（z c s），因此中老年人说的"西安普通话"保留了这一特征，但青年人"较好"级别的"西安普通话"已经没有了这一特征。跟声母相比，在韵母方面，西安方言的鼻化现象较多，受其影响，"西安普通话"也有鼻化韵母，诸如［æ̃ẽ］。

虽然"西安普通话"不是"标准普通话"，但无论如何它的性质已经发生了变化，它已经摆脱了方言而属于普通话的范畴，只是不够标准，但它会不断地向标准普通话靠拢。

无论是"普通西安话"还是"西安普通话"，两者都是西安方言向标准普通话发展过渡的"中介语"，虽然同为中介语，但这两种语言变体的性质却截然不同，"普通西安话"仍然属于"西安话"的范畴，是方言的一种；而"西安普通话"已经摆脱了方言进入了"普通话"的范畴，它是一种民族共同语，具有更广泛的社会影响和优势地位。而这两种性质截然不同的语言变体却同时并存于城中村本地居民的日常生活中，并且扮演着不同的角色，承担着不同的社会责任："普通西安话"主要满足本地居民对内交流的需要，是跟家人和朋友说话时所用的语言变体；"西安普通话"主要满足本地居民对外交流的需要，是在公共场合或与外来人员说话时所用的语言变体。两种语言变体相互依存，各司其职，和谐共处，并且将持续相当长的一段时间。

（二）城中村外来人员的语言变化趋势

居住在西安市北山门口村的外来人员来自全国各地，他们有着不同的方言背景，来到西安后，不仅要跟西安当地人打交道，还要跟来自其他省市的外来人员交流沟通，因此，这必然导致他们跟在家乡时的语言使用状况大不相同。

调查研究结果显示，西安市北山门口村的外来人员在跟长辈、父母和同乡、配偶交谈时，仍然全部用家乡话，这跟在家乡时变化不大；在跟同乡同事交谈时，无论在家乡还是在西安，都是家乡话使用占多数；跟孩子交谈时，在西安普通话和家乡话使用差不多，而在家乡，他们跟孩子说话时，是家乡话占多数；外来人员在西安跟异乡同事、客户/顾客或在公共场合交谈时，都是普通话占多数，这跟在家乡时的情形完全不同，在家乡时这种场合都是普通话和家乡话使用的频率差不多。

因此，可以看到这样一个外来人员的语言变化趋势：外来人员离开了自己的家乡来到异乡的时候，对外交流（主要是指在公共场合或者跟客户/顾客的交流）使用普通话的频率明显升高；而对内交流（主要是指跟家人/长辈和同乡配偶的交流）的语言使用状况变化不大；但在跟孩子（下一代）交流时，在异乡比在同乡跟孩子说普通话的比例有所升高。因此，可以进一步预测，外来人员的第二代、第三代普通话会使用得越来越频繁，也许到了第三代，可能已经不会说家乡话了，而当地的西安方言也会成为普通话之外的第二种语言变体，这一点还有待于下一步的跟踪研究。

四、城中村居民语言使用状况研究的思考

（一）城中村居民语言使用状况的复杂性

租住在城中村的外来人员数量已经大大超过了城中村的本地居民，大量的外来人员租住在村子里，客观上促进了本地居民成为操两种语言变体的双言者，本地居民对内（家人、朋友）使用西安话，对外（外来人员、公共场合）使用普通话。同时，外来人员也成为了操家乡话和普通话的双言者，他们与本地居民同居一地，有着密切的交往和互动，因此构成了和谐共处的言语社区。

城中村的本地居民因为世代居住在这里，横向和纵向研究都较为方便可行，语言变体也较为单纯，只有西安话和普通话两种。但是，外来人员的语言使用状况远比想象得复杂。

首先，外来人员的来源地复杂，租住在北山门口村的外来人员来自全国

15 个省份，7 个不同的方言区。来源地如此复杂的外来人员，首先他们是操家乡话和普通话的双言者，但随着在西安居住时间的增长，他们会不会也开始说一些西安话，尤其是那些找了当地人做配偶的外来人员，他们会不会变成了操三种语言变体的多言者？而这三种语言变体具体怎么使用？各自承担着怎样的职责？这些都是研究的难点所在。

其次，来自不同省份的外来人员，其家乡话各有不同，这样他们的普通话也就受到各自家乡话的影响，水平参差不齐，差别较大，这种情况调查起来困难重重，因为不同的方言对普通话水平有不同程度的影响，很难用统一的标准去衡量外来人员普通话水平的高低。

最后，对外来人员家乡话水平的测量也很难进行，因为他们来自不同的方言区，调查不同的方言就需要不同的调查词表，仅凭我个人的力量无法达到记录二十种不同方言的语音、词汇和语法变化。

鉴于以上原因，本书的研究还不够深入，我想这也是我本人今后要做的工作，继续把城中村的语言状况深入调查研究下去。

（二）研究方法的思考

1. 方言学与社会语言学研究方法的结合

本书概论就提到了方言学研究和社会语言学研究各自面临的困惑。对方言学研究来说，理想的 NORM（Nonmobile，Older and Rural Males）的发音合作人已经越来越少，以及"字本位调查法"的弊端也越来越凸显；而社会语言学的调查很难全面、系统，隐蔽调查又经常带来各种各样的社会问题。

方言学和社会语言学在调查研究方法上各有利弊，并形成了互补的态势，本书尝试将方言学和社会语言学的调查研究方法相结合，在寻找发音合作人的时候，不仅仅按照 NORM 的单一标准，而是考虑到年龄、性别等社会因素对语言的影响，根据年龄和性别选取了三组发音合作人：老年男性和女性（年龄在 60 岁以上）、中年男性和女性（年龄在 40—60 之间）以及青年男性和女性（年龄在 20—40 岁之间）。通过不同年龄段的语言变异，利用"显像时间"的研究方法，观察并记录进行中的语言变化，即西安方言和西安普通话的发展变化，进而预测语言发展变化的趋势，即西安方言向"普通西安话"发展靠拢，"西安普通话"向"标准普通话"发展靠拢。

这次方言学和社会语言学研究的结合给本人未来的研究以重要的启示，那就是，这两种研究方法可以从各个层面进行更紧密的结合，取长补短：方言学可以借鉴社会语言学的方法研究自然方言语料，包括语段、语篇等更大单位的语料，而不仅仅是单个语音、词汇或语法；社会语言学也应更好地利用方言学的研究成果，借鉴方言学的微观研究方法，使社会语言学的研究更细化。

2. 微观研究跟宏观研究的结合

本书此次的研究旨在探索一种宏观跟微观相结合的研究，意在通过微观的语言变异研究从宏观上揭示出西安市城中村居民语言使用状况的整体面貌以及未来的语言变化趋势。

本书的微观研究集中在对北山门口村本地居民西安方言和普通话的语音、词汇及语法发展变化的研究上；宏观研究主要集中在对本地居民语言使用、语言能力及语言态度的研究上。综观本书整体，宏观研究占据了主要方面，而微观研究尚显不足。城中村本地居民还有许多语言变项值得进行深入的微观研究，而有了诸多微观研究，宏观研究才能有深厚的根基作为支撑，只有这样，宏观研究也才能更深入、更系统，得出的结论也更具说服力。

3. 社会语言学的研究范式和方法学

美国物理学家、自然科学史学家库恩（Thomas Kuhn）说："范式是被普遍接受了的模式，是由法则、理论、应用和检测手段等共同提供的模型。一部自然科学发展史就是通过科学革命连续不断地从一个模式过渡到另一个模式的历程。新范式通常从旧范式中诞生，它把传统范式采用的许多词汇、资料等结合起来，在新范式里，旧的术语、概念和实验被置于新的相互关系中。"而"语言研究的方法学指研究语言的方式、方法系统，包括基本原则、探索程序、获取证据的途径和方法、检测证据的有效度和可信度等。"①
方法学是构成范式的重要组成部分，没有科学的方法学就不会有可靠的理论
生成。

社会语言学的研究也越来越注重科学的研究范式和方法论，从调查对象
的确立到问卷调查的设计、语料的收集，再到数据的统计和分析无不要求真
实可靠、科学准确，而这种实证性的研究方法也正是社会语言学的立足之
本，同时也为语言学的研究注入了自然科学的研究范式，因此对社会语言学
者的综合素质的要求也越来越高，要求他们不仅要有扎实的语言学学科的知
识和素养，同时也要具备社会学、心理学、数理统计学和计算机的相关知
识，这样才能更好地为社会语言学研究服务，这也正是本人今后需要提高的
地方。

---

① 祝畹瑾：《新编社会语言学概论》，北京大学出版社 2013 年版，第 55 页。

参考文献

[1] [美] 艾尔·巴比：《社会研究方法》（第 11 版），邱泽奇译，华夏出版社 2009 年版。

[2] [美] 爱德华·萨丕尔：《语言论》，陆卓元译，商务印书馆 1985 年版。

[3] [英] 彼得·特鲁杰：《性别、潜在声望和诺里奇市英国英语的变化》，见祝畹瑾编：《社会语言学译文集》，北京大学出版社 1985 年版。

[4] [美] 布龙菲尔德：《语言论》，袁家骅译，商务印书馆 1980 年版。

[5] 曹琴：《东莞工业区外来人口语言态度研究》，硕士学位论文，暨南大学，2006 年。

[6] 陈松岑、徐大明、谭慧敏：《新加坡华人语言使用情况和语言态度的调查与分析》，《南大语言文化学报》1997 年。

[7] 陈松岑：《语言变异研究》，广东教育出版社 1999 年版。

[8] 陈章太：《关于普通话与方言的几个问题》，《语文建设》1990 年第 4 期。

[9] 陈章太：《语言规划研究》，商务印书馆 2005 年版。

[10] 陈亚川：《闽南口音普通话说略》，《语言教学与研究》1987 年第 4 期。

[11] 陈亚川：《"地方普通话"的性质特征及其他》，《世界汉语教学》1991 年第 1 期。

[12] 戴庆厦、邓佑玲：《城市化：中国少数民族语言使用功能的变化》，《陕西师范大学学报》（哲学社会科学版）2001 年。

[13] 戴庆厦主编：《社会语言学概论》，商务印书馆 2004 年版。

[14] 董洪杰、李琼、高晓华：《社会语言学研究的新视角：城市语言调查》，《西安文理学院学报》（社会科学版）2011 年第 1 期。

[15] [瑞士] 费尔迪南·德·索绪尔：《普通语言学教程》，高明凯译，商务印书馆 1980 年版。

[16] 费孝通：《二十年来之中国社区研究》，《社会研究》1948 年 10 月 16 日。

[17] 付义荣：《言语社区和语言变化研究：基于安徽傅村的社会语言学调查》，北京大学出版社 2011 年版。

[18] [美] 霍凯特：《现代语言学教程》，索振宇、叶蜚声译，北京大学出版社 2002 年版。

［19］高海洋：《甘柏兹教授谈社会语言学》，《语言教学与研究》2003 年第 1 期。

［20］高一虹、苏新春、周雷：《回归前香港、北京、广州的语言态度》，《外语教学与研究》1998 年第 2 期。

［21］顾黔、石汝杰：《汉语方言词汇调查手册》，中华书局 2006 年版。

［22］顾晓徽、刘玉珍：《天津方音变化的社会语言学分析》，第六届全国现代语音学学术会议论文集（下），2003 年 10 月 1 日。

［23］郭正彦：《地方普通话的产生、发展及其特点》，普通话与方言问题学术讨论会论文，1990 年。

［24］郭骏：《溧水"街上话"［u］元音变异分析》，《中国社会语言学》2005 年第 1 期。

［25］郭骏：《语言态度与方言变异——溧水县城居民语言态度与语言使用情况的简要调查》，《南京社会科学》2007 年第 8 期。

［26］郭骏：《方言变异与变化：溧水街上话的调查研究》，北京大学出版社 2009 年版。

［27］葛燕红：《南京市"小姐"称呼语调查分析》，《中国社会语言学》2005 年第 2 期。

［28］胡明扬：《北京话初探》，商务印书馆 1987 年版。

［29］胡明扬：《北京话"女国音"调查》，《语文建设》1988 年第 1 期。

［30］黄燕芬、丁力：《中国城市化进程中的社会问题分析》，《河北学刊》2013 年第 1 期。

［31］劲松、牛芳：《长沙地方普通话固化研究——地方普通话固化的个案调查》，《语言文字应用》2010 年第 4 期。

［32］［美］拉波夫：《在社会环境里研究语言》，见祝畹瑾：《语言学译丛》（第一辑），中国社会科学出版社 1979 年版。

［33］兰宾汉：《西安方言中的几个程度副词》，《陕西师范大学学报》（哲学社会科学版）2004 年第 5 期。

［34］雷红波：《上海新移民的语言社会学调查》，博士学位论文，复旦大学，2008 年。

［35］李长青主编：《陕西省普通话水平测试指要》，陕西师范大学出版社 1998 年版。

［36］李培林：《巨变：村落的终结——都市里的村庄研究》，《中国社会科学》2002 年第 1 期。

［37］李荣主编：《西安方言词典·现代汉语方言大辞典·分卷》，江苏教育出版社 1996 年版。

［38］黎熙元：《现代社区概论》，中山大学出版社 1998 年版。

［39］刘玉屏：《农民工语言再社会化实证研究——以浙江省义乌市为个案》，《语言文字应用》2010 年第 2 期。

［40］马英、邵亮：《论城市化与中国经济发展》，《辽宁师专学报》（社会科学版）2005 年第 5 期。

［41］张谊生、齐沪扬：《上海浦东新区普通话使用状况和语言观念的调查》，《语言文字应用》1996 年第 3 期。

［42］齐沪扬、朱琴琴：《上海市徐汇区大中小学生称谓语使用情况调查》，《语言文字应用》2001 年第 2 期。

［43］齐沪扬、王敏敏：《上海浦东新区商业广告中繁体字使用情况的调查》，《语言文字应用》1999 年第 3 期。

［44］邵敬敏、方经民：《中国理论语言学史》，华东师范大学出版社 1991 年版。

［45］沈依青：《语言态度初探》，《清华大学学报》（哲学社会科学版）1997 年第 2 期。

［46］盛柳柳、严建雯：《语言认同和城市归属感研究——基于宁波方言和城市归属感的调研分析》，《现代语文》（语言研究版）2015 年第 1 期。

［47］孙立新：《西安方言研究》，西安出版社 2007 年版。

［48］孙立新：《西安方言语音的内部差异》，《甘肃高师学报》2010 年第 1 期。

［49］汤志祥、肖峥：《深圳粤语南头话——一种正在走向濒危的方言土语》，见徐大明主编：《中国社会语言学新视角——第三届中国社会语言学国际学术研讨会论文集》，南京大学出版社 2007 年版。

［50］吴翠芹：《上海市"问路"调查》，《现代语文》（语言研究版）2008 年第 6 期。

［51］吴明隆：《问卷统计分析实务——SPSS 操作与应用》，重庆大学出版社 2010 年版。

［52］王力：《中国语言学史》，山西人民出版社 1981 年版。

［53］王玲：《浅谈城市语言调查》，见徐大明主编：《中国社会语言学新视角——第三届中国社会语言学国际学术研讨会论文集》，南京大学出版社 2007 年版。

［54］王玲、徐大明：《合肥科学岛言语社区调查》，《语言科学》2009 年第 1 期。

［55］王培光：《社会语言环境与语言规划的六个方向——以香港的语言环境为例》，《中国社会语言学》2004 年第 1 期。

［56］王远新：《语言理论与语言学方法论》，教育科学出版社 2006 年版。

［57］邬美丽：《在京少数民族大学生语言使用及语言态度调查》，博士学位论文，中央民族大学，2007 年。

［58］邬美丽、熊南京：《台湾原住民语言能力及语言使用状况调查研究》，《北华大学学报》（社会科学版）2013 年第 3 期。

［59］吴媛：《西安话的自感结构"V/A＋人"及其与动宾/偏正结构"V/A ＋人"的对立》，《宁夏大学学报》（人文社会科学版）2011 年第 2 期。

［60］夏历：《在京农民工语言状况研究》，博士学位论文，中国传媒大学，2007 年。

［61］邢福义、吴振国：《语言学概论》，华中师范大学出版社 2002 年版。

［62］徐大明：《新加坡华社双语调查——变项规则分析法在宏观社会语言学中的应用》，《当代语言学》1999 年第 3 期。

［63］徐大明：《言语社区理论》，《中国社会语言学》2004 年第 1 期。

［64］徐大明：《语言变异与变化》，上海教育出版社 2006 年版。

［65］徐大明：《社会语言学研究》，上海人民出版社 2007 年版。

［66］徐大明主编：《中国社会语言学新视角——第三届中国社会语言学国际学术研讨会论文集》，南京大学出版社 2007 年版。

［67］徐大明、王玲：《城市语言调查》，《浙江大学学报》（人文社会科学版）2010 年第 6 期。

［68］徐大明：《当代社会语言学》，中国社会科学出版社 2012 年版。

［69］徐大明、陶红印、谢天蔚：《当代社会语言学》，中国社会科学出版社 2012 年版。

［70］徐永祥：《社区发展论》，华东理工大学出版社 2000 年版。

［71］徐俊砚：《新兴工业区的语言状况——以克拉玛依为个案》，硕士学位论文，新疆大学，2008 年。

［72］薛才德：《上海市民语言生活状况调查》，《语言文字应用》2009 年第 2 期。

［73］闫小培、魏立华、周锐波：《快速城市化地区城乡关系协调研究——以广州市城中村改造为例》，《城市规划》2004 年第 3 期。

［74］严学宭：《中国对比语言学浅说》，华中工学院出版社 1985 年版。

［75］杨晋毅：《中国新兴工业区语言状态研究中原区（上）》，《语文研究》2002 年第 1 期。

［76］杨晋毅：《中国新兴工业区语言状态研究中原区（下）》，《语文研究》2002 年第 1 期。

［77］游汝杰：《汉语方言学导论》，上海教育出版社 1992 年版。

［78］游汝杰：《汉语方言学的现状和愿景》，《暨南学报》（哲学社会科学版）2005 年第 5 期。

［79］游汝杰、邹嘉彦：《社会语言学教程》，复旦大学出版社 2004 年版。

［80］于根元：《应用语言学理论纲要》，华语教学出版社 1999 年版。

［81］余惠邦：《双语、双言交际中的语言选择和语码转换》，《西南民族学院学报（哲学社会科学版）》1991 年第 5 期。

［82］俞玮奇：《普通话的推广与苏州方言的保持——苏州市中小学生语言生活状况调查》，《语言文字应用》2010 年第 3 期。

［83］宇文娜、李志民、沈莹：《城中村居住形态的现状研究》，《西安建筑科技大学学报》（自然科学版）2008 年第 6 期。

［84］张东波、李柳：《社会心理因素与美国华人社团的语言维护和变迁》，《语言文字应用》2010 年第 1 期。

［85］"中国语言生活状况报告"课题组：《中国语言生活状况报告》，商务印书馆

2007 年版。

［86］周庆生：《中国社会语言学研究述略》，《语言文字应用》2010 年第 4 期。

［87］周有光：《周有光语文论集（第四卷）》，上海文化出版社 2002 年版。

［88］祝畹瑾：《社会语言学概论》，湖南教育出版社 1992 年版。

［89］祝畹瑾：《新编社会语言学概论》，北京大学出版社 2013 年版。

［90］祝畹瑾编：《社会语言学译文集》，北京大学出版社 1985 年版。

［91］Alan Hudson，"Diglossia"，in *Concise Encyclopedia of Sociolinguistics*，Rajend Mesthrie（ed.），Oxford：Elsevier，2001.

［92］Chambers & J. K，*Sociolinguistics Theory：Linguistic Variation and its Social Significance*，Cambridge，MA：Basil Blackwell，1995.

［93］Eckert P，*Linguistic Variation as Social Practice*，Malden，MA：Blackwell，2000.

［94］Fasold & Ralph，*The Sociolinguistics of Language*，Oxford：Basil Blackwell，1990.

［95］Francois Grosjean，*Life with Two Languages：An Introduction to Bilingualism*，MA：Harvard University Press，1982.

［96］Gal. S，"Peasant Men Can't Get Wives：Language Change and Sex Rules in a Bilingual Community"，*Language in Society*，1978.

［97］H. Orton，*Survey of English Dialects：Introduction*，Leeds：E. J. Arnold & Son，1962.

［98］J. J. Gumperz，*Language in Social Groups*，Stanford：Stanford University Press，1971.

［99］J. J. Gumperz & D. Hymes（ed.），*Directions in Sociolinguistics：The Ethnography of Communication*，New York：Holt，Rinehart and Winston，1972.

［100］J. K. Chamber & P. Trudgill，*Dialectology*，Peking：Peking University Press，2002.

［101］J. Lyons（ed.），*New Horizons in Linguistics*，Harmondsworth，England：Penguin Books，1970.

［102］J. Milroy & L. Milroy，"Varieties and Variation"，in *The Handbook of Sociolinguitics*，Florian Coulmas（ed.），Oxford：Blackwell，1997.

［103］L. Milroy，*Language and Social Networks*，Baltimore：University Park Press，1980.

［104］L. Milroy，*Language and Social Networks*，（2nd edn），Oxford：Basil Blackwell，1987.

［105］Lamber & W. E，*Language，Psychology and Culture*，Stanford：Stanford University Press，1972.

［106］Patrick & L. Peter，"The Speech Community"，in *The Handbook of Language Variation and Change*，J. K. Chambers & P. Trudgill & N. Schilling-Estes（ed.），Malden，MA：Blackwell Publishers，2002.

［107］Poplack & S, *Variation Theory and Language Contact*, in *American Dialect Research*, Dennis R. Preston (ed.), Amsterdan & Philadelphia: John Benjamins, 1993.

［108］R. Lakoff, *Language and Woman's Place*, New York: Harper & Row, 1975.

［109］R. Wardhaugh, *An Introduction to Sociolinguistics*, Peking: Foreign Language Teaching and Research Press, 2000.

［110］Trudgill, P, "Sex, Covert Prestige and Linguistic Change in the Urban British English of Norwich", *Language in Society*, 1972.

［111］Uriel Welnreich & W. Labov & M. Herzog, *Empirical Foundations for a Theory of Language Change*, in *Directions for Historical Linguistics*, W. P. Lehmann & Y. Malkiel (ed.), Austin & London: University of Texas Press, 1975.

［112］W. Labov, "The Social Stratification of English in New York City", *Washington, D. C: Center for Applied Linguistics*, 1966.

［113］W. Labov, *Language in the Inner City: Studies in the Black English Vernacular*, Philadelphia: University of Pennsylvania Press, 1972.

［114］W. Labov, *Studies in Sociolinguistics: Selected Papers by William Labov*, Peking: Peking Language and Culture University Press, 2001.

附　　录

附录一　本地居民调查问卷

此调查只是想了解您的语言状况，问卷的信息不涉及个人隐私且只用于学术研究的目的，答案也无所谓对错，只希望您能如实回答问题，非常感谢您的合作和支持！

一、个人信息

1. 性别：　（1）男　（2）女

2. 年龄：＿＿＿＿＿＿

3. 籍贯：＿＿＿＿＿＿＿＿＿＿

4. 您的文化程度：

（1）没上过学　　　　　（2）小学　　（3）初中

（4）高中/中专/技校　　（5）大专　　（6）本科及以上

5. 您的婚姻状况：（1）未婚　（2）已婚　（3）同居

6. 您现在的工作：

（1）个体商户　　　　　（2）公司职员　（3）企业工人

（4）事业单位工作人员　（5）公务员　　（6）家庭妇女

（7）没有固定工作　　　（8）餐馆/商场服务人员

（9）其他（请注明）＿＿＿＿＿＿

7. 您的月收入大概在：

（1）0—500元　　　　　（2）501—1000元　　（3）1001—2000元

（4）2001—3000元　　　（5）3001—5000元　　（6）5001元以上

8. 您打算去外地工作或生活吗？　（1）打算　（2）不打算

二、语言使用问题

9. 您在西安的语言使用情况：（请在下表合适的方格内打√）

	全部用西安话	西安话占多数	普通话和西安话差不多	普通话占多数	全部用普通话
跟长辈或父母说话					
跟同乡配偶说话					
跟不是同乡的配偶说话					
跟孩子说话					
在单位跟同乡的同事说话					
在单位跟不是同乡的同事说话					
上学时跟老师说话					
上学时跟同学说话					
如果你是生意人，跟客户/顾客说话					
在商店、银行、医院等公共场所说话					

三、语言能力问题

10. 您在当地学校读书时，大部分老师用什么话上课：

（1）当地方言　（2）普通话　（3）老师的家乡话

11. 您从什么时候开始说普通话的：

（1）上小学前　（2）小学　（3）中学　（4）大学　（5）工作以后

12. 您的普通话程度怎么样？

（1）能流利准确地使用　（2）能熟练使用但有些音不准

（3）能熟练使用但口音较重　（4）基本能交谈但不熟练

（5）能听懂但不太会说　（6）能听懂一些但不会说　（7）听不懂也不会说

（选1—4项的请回答第13题；选5—7项的请回答第14题）

13. 您学（说）普通话的最主要途径：

（1）学校学习　　　（2）培训班学习　　（3）看电视听广播

（4）家里人的影响　（5）社会交往

（6）其他（请注明）＿＿＿＿＿＿

14. 您觉得学（说）普通话遇到的最主要的问题是什么？

（1）周围的人都不说，说的机会少　　（2）受方言影响，不好学

（3）说普通话怕别人笑话　　（4）其他（请注明）＿＿＿＿＿＿

四、语言态度问题

15. 您喜欢说西安话吗？

（1）喜欢　（2）比较喜欢　（3）一般　（4）不喜欢　（5）很不喜欢

16. 您喜欢说普通话吗？

（1）喜欢　（2）比较喜欢　（3）一般　（4）不喜欢　（5）很不喜欢

17. 您希望自己的普通话达到什么程度？

（1）能流利准确地使用　　（2）能熟练使用　　（3）能进行一般交际

（4）没什么要求　　（5）其他（请注明）＿＿＿＿＿＿

18. 您希望您的孩子会说普通话吗？

（1）必须会　　　（2）希望会　　　（3）无所谓

（4）不太希望会　　（5）不希望会

19. 如果您希望您的孩子会说普通话，请您从下面选出 1 个您认为最重要的理由：

（1）对以后的学习、工作有帮助　　（2）能跟更多的人交往

（3）响应国家推广普通话的号召　　（4）其他（请注明）＿＿＿＿＿＿

20. 您希望您的孩子保持说西安话吗？

（1）一定要保持　（2）希望保持　（3）无所谓

（4）不太希望保持　（5）不希望保持

21—1. 如果您希望您的孩子保持说西安话，请您从下面选出 1 个您认为最重要的理由：

（1）便于跟家乡的人沟通　（2）有利于继承和保留地方文化

（3）不忘自己的根　（4）其他（请注明）_____

21—2. 如果您不希望您的孩子保持说西安话，请您从下面选出 1 个您认为最重要的理由：

（1）没有实用价值　（2）可能被认为土气

（3）可能被认为没文化　（4）其他（请注明）_____

22. 您认为：（请在下表中合适的方格内打√）

	非常好听	比较好听	一般	不太好听	不好听
普通话					
西安话					
	非常亲切	比较亲切	一般	不太亲切	不亲切
普通话					
西安话					
	非常有用	比较有用	一般	不太有用	没用
普通话					
西安话					
	非常有社会影响	比较有社会影响	一般	没多大社会影响	没有社会影响
普通话					
西安话					

附录二　外来人员调查问卷

　　此调查只是想了解您的语言状况，问卷的信息不涉及个人隐私且只用于学术研究的目的，答案也无所谓对错，只希望您能如实回答问题，非常感谢您的合作和支持！

五、个人信息

1. 性别：　　（1）男　　（2）女

2. 年龄：＿＿＿＿＿＿

3. 籍贯：＿＿＿＿＿＿＿＿＿＿

4. 您的文化程度：

(1) 没上过学　　(2) 小学　　(3) 初中

(4) 高中/中专/技校　　(5) 大专　　(6) 本科及以上

5. 您的婚姻状况：(1) 未婚　　(2) 已婚　　(3) 同居

6. 您在西安居住的时间：＿＿＿＿＿＿年

7. 您现在的工作：

(1) 个体商户　　　　(2) 公司职员　　　　(3) 保洁人员

(4) 工厂/建筑工人　　(5) 保安　　　　　　(6) 厨师

(7) 钟点工　　　　　(8) 餐饮服务人员　　(9) 美容美发/导购人员

(10) 其他（请注明）＿＿＿＿＿＿

8. 您的月收入大概在：

(1) 0—500 元　　　(2) 500—1000 元　　(3) 1000—2000 元

(4) 2000—3000 元　(5) 3000—5000 元　(6) 5000 元以上

9. 您打算在西安呆多长时间：

(1) 不知道　　(2) 一段时间　　(3) 想一直呆下去

六、语言使用问题

10. 您在家乡时的语言使用情况：（请在下表合适的方格内打√）

	全部用家乡话	家乡话占多数	普通话和家乡话差不多	普通话占多数	全部用普通话
跟长辈或父母说话					
跟同乡配偶说话					
跟不是同乡的配偶说话					
跟孩子说话					
在单位跟同乡的同事说话					
在单位跟不是同乡的同事说话					
上学时跟老师说话					
上学时跟同学说话					
如果你是生意人，跟客户/顾客说话					
在商店、银行、医院等公共场所说话					

11. 您在西安的语言使用情况：（请在下表合适的方格内打√）

	全部用家乡话	家乡话占多数	普通话和家乡话差不多	普通话占多数	全部用普通话
跟父母及长辈说话					
跟同乡配偶说话					
跟不是同乡的配偶说话					
跟孩子说话					
在单位跟同乡的同事说话					
在单位跟不是同乡的同事说话					
如果你是生意人，跟客户/顾客说话					
在商店、银行、医院等公共场所说话					

七、语言能力问题

12. 您在家乡学校读书时，大部分老师用什么话上课：

（1）当地方言　　（2）普通话　　（3）老师的家乡话

13. 您从什么时候开始说普通话的：

（1）上小学前　　（2）小学　　（3）中学

（4）大学　　　　（5）离开家乡以后

14. 您的普通话程度怎么样？

（1）能流利准确地使用　　　　（2）能熟练使用但有些音不准

（3）能熟练使用但口音较重　　（4）基本能交谈但不熟练

（5）能听懂但不太会说　　　　（6）能听懂一些但不会说

（7）听不懂也不会说

（选1—4项的请回答第15题；选5—7项的请回答第16题）

15. 您学（说）普通话的最主要途径：

（1）学校学习　　　（2）培训班学习　　（3）看电视听广播

（4）家里人的影响　（5）社会交往　　　（6）其他（请注明）_____

16. 您觉得学（说）普通话遇到的最主要的问题是什么？

（1）周围的人都不说，说的机会少　（2）受方言影响，不好学

（3）说普通话怕别人笑话　（4）其他（请注明）_____

17. 您会说西安话吗？

（1）会　（2）会一点　（3）能听懂，但不会说

（4）听不懂，也不会说

八、语言态度问题

18. 您喜欢说家乡话吗？

（1）喜欢　（2）比较喜欢　（3）一般

（4）不喜欢　（5）很不喜欢

19. 您喜欢说普通话吗？

（1）喜欢　（2）比较喜欢　（3）一般

（4）不喜欢　（5）很不喜欢

20. 您希望自己的普通话达到什么程度？

（1）能流利准确地使用　（2）能熟练使用　（3）能进行一般交际

（4）没什么要求　（5）其他（请注明）_____

21. 您希望您的孩子会说普通话吗？

（1）必须会　　　（2）希望会　　（3）无所谓

（4）不太希望会　　（5）不希望会

22. 您希望您的孩子会说普通话，请您从下面选出 1 个您认为最重要的理由：

（1）对以后的学习、工作有帮助　　（2）能跟更多的人交往

（3）响应推广普通话的号召　　（4）其他（请注明）_____

23. 您希望您的孩子保持说家乡话吗？

（1）一定要保持　　　（2）希望保持　　（3）无所谓

（4）不太希望保持　　（5）不希望保持

24—1. 如果您希望您的孩子保持说家乡话，请您从下面选出 1 个您认为最重要的理由：

（1）便于跟家乡的人沟通　　（2）有利于继承和保留地方文化

（3）不忘自己的根　　　（4）其他（请注明）_____

24—2. 如果您不希望您的孩子保持说家乡话，请您从下面选出 1 个您认为最重要的理由：

（1）没有实用价值　　　（2）可能被认为土气

（3）可能被认为没文化　　（4）其他（请注明）_____

25. 您认为：（请在下表中合适的方格内打√）

	非常好听	比较好听	一般	不太好听	不好听
普通话					
家乡话					
西安话					
	非常亲切	比较亲切	一般	不太亲切	不亲切
普通话					
家乡话					
西安话					
	非常有用	比较有用	一般	不太有用	没用

普通话					
家乡话					
西安话					
	非常有 社会影响	比较有 社会影响	一般	没多大 社会影响	没有 社会影响
普通话					
家乡话					
西安话					

附录三　西安方言调查词表

零　调查点和发音人

一、调查点

1. 行政村：

2. 行政区：

3. 在西安什么方向：

4. 离钟楼多少公里：

二、发音人

5. 姓名：

6. 性别：

7. 出生年月（公历）：

8. 出生地：

9. 主要经历：

10. 文化程度：

11. 职业：

12. 本人主要说哪种话：

13. 父母说什么话：

14. 普通话程度如何：不会　会　很熟练

15. 本人通信地址、电话：

16. 记音地点：

壹　声韵调

一、声调只记声调

1. 没有　　　　牙齿　　　　逗人笑

2. 猫　　　　　地痞　　　　手术

3. 鞭炮　　　　　打　　　　　　处所

4. 拼音　　　　　停止　　　　　挡

二、声母 只记声母

1. 杯杯子	13. 所	25. 女女子
2. 波波浪	14. 初	26. 坐
3. 砖	15. 眼	27. 竹
4. 触	16. 泥	28. 熬
5. 船	17. 挣挣钱	29. 我
6. 顺	18. 壮	30. 唇
7. 撞	19. 差差不多	
8. 书	20. 山	
9. 袜	21. 茶	
10. 瑞	22. 拆	
11. 入	23. 安西安	
12. 床	24. 温	

三、韵母 只记韵母

1. 师老师	23. 盖	45. 馅
2. 眉眉毛	24. 帅	46. 本
3. 味	25. 鞋	47. 蚊蚊子
4. 婿女婿	26. 癌癌症	48. 金
5. 否	27. 吹	49. 孕怀孕
6. 抓	28. 得得到	50. 亲亲家
7. 说	29. 百	51. 村
8. 火	30. 伯大伯	52. 嫩
9. 馍	31. 披	53. 俊
10. 物	32. 虱虱子	54. 军
11. 没没有	33. 国	55. 窗

12. 和和平	34. 雷	56. 映
13. 略	35. 嚼咀嚼	57. 虫
14. 勺	36. 走	58. 肾
15. 脚	37. 路	59. 吞
16. 药	38. 绿绿色	60. 冬
17. 学	39. 丢	61. 横蛮横
18. 月	40. 兰	62. 荣
19. 劣	41. 晚	63. 牙
20. 爷	42. 面	
21. 日日子	43. 恋谈恋爱	
22. 核核桃	44. 院	

贰　词汇表

说明：

1. 词表中，5 号字为词条，小 5 号宋体字为陕西方言可能的说法（不全面），∣ 号表示间隔。

2. 若本方言的词不在例词中，要补出，写在∣　∣中。

3. 如果方言中没有与条目完全对应的说法，或当地没有该事物或现象，同时也没有对应的说法，在词条空白处写"无"。

4. 调查时遇到一个词条多词并用，可以根据使用的"多（指使用得多），少（指使用得少），旧，新，老，中，青，孩，男，女，城，乡，雅，俗，婉，尊，贬，昵，骂"等情形，写在词后的括号中，如：太阳∣日头（多）∣爷（少）∣

1. 太阳∣日头∣热头∣爷∣阳婆∣爷婆∣

2. 晒太阳∣晒爷∣晒暖暖∣晒暖和∣

3. 月亮∣月亮∣月明∣月儿爷爷∣月亮光∣月光∣

4. 星星∣星星∣星宿∣宿宿∣

5. 刮风｜刮风｜吹风｜

6. 晚霞｜晚烧｜

7. 打雷｜响雷｜吼雷｜响呼噜爷｜打呼噜爷｜

8. 闪电｜闪电｜打闪｜

9. 下雨｜下雨咧｜下开啦｜落雨｜

10. 阵雨｜白雨｜

11. 结冰｜冻冰｜冻冻｜上冻｜

12. 晴天｜好天｜天爷晴啦｜爷婆出来啦（雨天放晴）｜

13. 凉水｜凉水｜冷水｜

14. 温水｜温水｜兀突水｜

15. 开水｜煎水｜滚水｜暴水｜

16. 春天｜春里｜春起｜春儿｜春上｜

17. 夏天｜夏里｜夏儿｜夏上｜

18. 秋天｜秋里｜秋儿｜秋里｜

19. 冬天｜冬里｜冬上｜冬儿｜

20. 除夕｜大年三十儿｜三十儿黑夜｜月尽儿｜

21. 去年｜年时个｜年时｜

22. 今天｜今儿｜今儿个｜

23. 明天｜明儿｜明儿个｜

24. 后天｜后儿｜

25. 大后天｜外后儿｜挺后天｜

26. 昨天｜夜儿个｜夜儿｜夜来｜夜日｜

27. 前天｜前儿个｜前儿｜

28. 大前天｜大前儿个｜大前儿｜先前儿｜上大前儿｜

29. 星期天｜星期｜礼拜天｜礼拜｜

30. 早晨｜赶早｜早上｜早起｜清晨｜早今｜

31. 凌晨｜麻明｜

32. 整天｜成天｜

33. 上午（前晌时间段的异同）| 上半儿 | 上昼 |

34. 中午（时间段的异同）| 晌午 |

35. 下午（后晌时间段的异同）| 后半儿 | 下昼 | 后晌 |

36. 白天 | 白儿里 | 白日儿 | 白日里 |

37. 傍晚 | 麻查儿黑 | 昏黄 | 黄昏 | 擦黑 | 擦黑 | 后晌黑 |

38. 夜里 | 夜 | 黑夜 | 黑间儿 | 黑地 | 黑里 | 黑老= | 晚夕 |

39. 昨天晚上 | 夜黑咧 |

40. 每天 | 天天儿 | 天夜儿 | 夜儿夜儿 | 天每 |

41. 现在 | 致=儿 | 尔格 | 如今 | 尔即 | 这儿发= | 任格 | 任庚 | 若忽 | 这会儿 |

42. 过去 | 老里 | 老早 | 上往年 |

43. 刚才 | 才 | 先头 | 才刚 |

44. 什么时候 | 啥时候 | 几时 |

45. 上面 | 上头 | 浮头 | 浮梁 | 浮起 | 高头 | 上岸 | 上首 |

46. 下面 | 下头 | 底下 | 下岸 | 下首 |

47. 后边 | 后头 | 后面 |

48. 背后 | 脊背后头 | 后背 | 脊背后 |

49. 旁边 | 跟前 | 左近 |

50. 附近 | 近处 |

51. 左边 | 左邦 | 左面 | 左岸 | 左首 | 左近 |

52. 右边 | 右邦 | 右面 | 右岸 | 右首 |

53. 扫帚 | 扫子 | 扫把 | 大扫把 |

54. 笤帚 | 笤帚 | 笤子 | 小扫把 |

55. 蔬菜 | 菜 | 菜蔬 | 菜水 |

56. 南瓜 | 倭瓜 |

57. 西红柿 | 洋柿子 | 柿子 | 番茄 | 海柿子 |

58. 辣椒 | 辣子 | 辣角子 | 海椒 |

59. 芫荽 | 芫荽 | 香菜 |

60. 花生 | 落花参 | 花色 | 落花生 |

61. 蛇｜长虫｜缠= ʂʱæ̃｜

62. 鸟儿｜雀儿｜雀雀｜

63. 宅院｜庄子｜

64. 小房子｜房房儿｜

65. 正房（四合院居中房间）｜上房｜

66. 客厅｜厅房｜

67. 厨房｜灶房｜伙房｜灶伙｜灶屋｜厨屋｜

68. 厕所｜茅子｜厕所｜后院｜后楼圈儿｜灰圈｜茅房｜

69. 角落｜圪落｜

70. 被子｜被儿｜盖卧｜盖地｜

71. 火柴｜洋火｜取灯儿｜洋取灯儿｜

72. 小匣子｜匣匣儿｜黑拉 xəʔ4la44｜

73. 炊餐具｜家匙｜

74. 大碗｜老碗｜海碗｜

75. 小勺儿｜勺勺儿｜调羹儿｜勺羹儿｜撩羹儿｜

76. 酒杯｜酒盅儿｜酒杯子｜

77. 菜刀｜刀｜切刀｜

78. 抹布（擦家用）｜撋布｜拭布｜

79. 脸盆｜脸盆子｜洗脸盆｜洋盆｜

80. 肥皂｜洋碱｜胰子｜

81. 毛巾｜手巾｜羊肚子手巾儿｜

82. 蜡烛｜洋蜡｜洋烛｜

83. 拐杖｜拐棍儿｜

84. 手纸｜手纸｜草纸｜擦屁股纸｜

85. 男人｜男人｜外头人｜男子汉｜男的｜外前人｜

86. 女人｜女人家｜屋里人｜妇道人家｜婆姨女子｜

87. 已婚女人｜女人｜婆姨｜

88. 婴儿｜毛娃子｜毛兜儿娃｜毛孩儿｜猴毛孩儿｜

89. 小孩儿 | 娃娃儿 | 碎娃 | 碎子儿 | 猴孩儿 | 娃们 |

90. 男孩儿 | 娃子 | 带橛儿的 | 小子 | 男娃 | 娃子娃 | 男伢 | 娃儿 | 男娃子 |

91. 女孩儿 | 女子 | 女娃娃 | 女子娃 | 女娃子 |

92. 姑娘（面称） | 女子 | 小妹儿 |

93. 老头儿 | 老汉 | 老汉汉 |

94. 老太婆 | 老婆 | 老婆婆 |

95. 小伙子 | 小伙子 | 后生 | 汉 |

96. 外地人 | 外处人 | 外路人 |

97. 同乡 | 乡党 |

98. 傻瓜 | 瓜送= | 瓜蛋儿 |

99. 坏蛋 | 瞎送= | 瞎种 |

100. 办事呆板的人 | 瓷锤 |

101. 没见过世面的人 | 家娃 |

102. 教员 | 先生 | 教师 |

103. 祖父 | 爷 | 把把（回民） | 公 |

104. 祖母 | 奶 | 拿拿（回民） | 娘娘 | 婆 | 女虐 |

105. 外祖父 | 外爷 | 外把（回民） | 姥爷 | 姐爷 | 舅家爷 | 家公

106. 外祖母 | 外婆 | 外拿 | 婆婆 | 姐婆 | 舅家婆 | 家婆 |

107. 父亲 | 爸 | 达= | 爹爹 | 老子 | 爷 | 大 |

108. 母亲 | 妈 | 口儿 nɣr24（回民） | 娘 | 母 |

109. 岳父 | 丈儿爸 | 丈人爸 | 泰山 |

110. 岳母 | 丈姑娘 | 丈母 | 丈母娘 | 外母娘 | 泰水 |

111. 公公 | 阿公 | 老人公 |

112. 婆婆 | 阿公婆 | 阿家 | 婆子妈 | 老人婆 |

113. 伯父 | 伯 | 伯伯（回民） | 老老 |

114. 伯母 | 大妈 | 芽=芽=（回民） | 大娘 | 婶娘 | 母母大 | 大 |

115. 叔父 | 达=达= | 叔叔 | 老老 | 爸爸 |

116. 叔母 | 娘 | 婶婶 | 婶娘 | 妈 | 新娘 |

117. 舅父｜舅｜

118. 舅母｜妗子｜

119. 姑（父妹）｜姑｜

120. 姑妈（父姐）｜姑妈｜

121. 姨（母妹）｜姨｜

122. 姨妈（母姐）｜姨妈｜姨那＝｜

123. 姑父（父姐夫）｜姑伯｜

124. 姑父（父妹夫）｜姑夫｜

125. 姨父｜姨夫｜

126. 夫妻｜两口子｜婆姨汉｜

127. 丈夫｜娃他爸｜汉｜老汉｜女婿｜

128. 妻子｜娃他妈｜婆娘｜媳妇儿｜婆姨｜

129. 弟弟｜兄弟｜

130. 弟媳｜兄弟媳妇儿｜

131. 姐姐｜姐｜

132. 姐夫｜姐夫｜

133. 妹妹｜妹子｜

134. 妹夫｜妹夫｜

135. 小儿子｜碎儿｜猴儿｜猴小子｜

136. 亲戚｜亲亲｜

137. 先人（祖先）｜先儿｜

138. 头｜额｜骷子｜脑｜得脑｜脑壳｜脊囊｜跌囊｜

139. 眼睛｜眼睛｜眼窝｜

140. 鼻涕｜鼻｜

141. 鼻孔｜鼻窟窿｜

142. 肩膀｜膀子｜肩胛｜胛子｜胛骨｜胛骨头｜

143. 胳膊｜胳膊｜膀子｜杆子｜

144. 腿｜腿｜腿把子｜腿杆｜脚杆｜

145. 大腿 | 大腿 |

146. 屁股 | 沟＝子 | 屁眼 |

147. 脚 | 脚 | 脚片子 |

148. 傻子 | 瓜子 | 憨子 | 苶子 | 灰子 |

149. 衣服 | 衣裳 |

150. 背心 | 夹夹 |

151. 外衣 | 罩衫 |

152. 早饭 | 干早饭 | 早起饭 |

153. 午饭 | 晌午饭 |

154. 晚饭 | 黑咧饭 | 黑夜饭 | 黑地饭 | 黑将饭 |

155. 馒头 | 馍 | 蒸馍 | 馍馍 |

156. 水饺 | 水饺儿 | 扁食 | 疙瘩 | 煮馍 | 抄手 | 扁食 | 煮角 | 饺子 |

157. 作料 | 调和 |

158. 生日 | 生儿 |

159. 死了 | 殁了 | 老了 | 老去了 | 老圪迁了 | 老百年了 |

160. 坟 | 墓 |

161. 撑了 | 吃胀咧 | 撑人咧 | 愊了 |

162. 吃（饭） | 咥 | □tsuɛ̃24 | 日攘 |

163. 饿了 | 饥咧 |

164. 小睡 | 打目楞儿 | □miɛ24 |

165. 玩儿 | 耍 |

166. 逛街 | 逛街 | 浪 | 上街 | 串街

167. （两人）不和 | 尿不到一壶 | 不佮股 | 佮不到一搭 |

168. 学校 | 学堂 | 书窑儿 | 书房 |

169. 上学（上学校） | 念书 | 上学 |

170. 放学 | 放学 | 散学 | 放饭 |

171. 本子 | 本本儿 |

172. 不识字的 | 睁眼瞎子 | 老粗 |

173. 末名｜落落儿把｜把｜拉把｜老末｜

174. 游泳｜浮水｜浮河｜耍水｜

175. 跑｜跑｜揭=挖｜逛｜

176. 蹲｜圪蹴｜蹴｜圪蹲｜

177. 摔（了一跤）｜跌｜栽（跤）｜掼｜搧

178. 扔、丢弃｜撩｜撅｜

179. 打｜挃｜扁｜揍｜

180. 找｜寻｜

181. 丢（钱包）｜遗｜掉｜失机｜

182. 聊天儿｜谝闲传｜拉嗒｜拉闲话｜拉话

183. 收拾（家）｜拾掇｜打摝｜摭摞｜

184. 害怕｜怯火｜

185. 捉弄（人）｜失弄｜

186. 发愁｜熬煎｜

187. 坏｜瞎｜赖｜

188. 美｜好看｜□nou24｜俊｜惜人｜亲｜亲人｜

189. 丑｜丑｜难看｜

190. 渴｜干｜

191. 小｜碎｜猴｜

192. 矮（个子~）｜碎｜猴｜低｜

193. 泔水｜恶水｜泔水｜刷锅水｜

194. 污垢｜垢甲｜恶水｜

195. 什么｜啥｜甚｜

196. 那些｜兀些｜奈些｜那些｜

197. 这里｜这岸儿｜这搭｜

198. 那里｜奈岸儿｜兀岸儿｜兀邦个｜那搭｜

199. 多会儿｜甚会儿｜

200. 那样（做）｜兀样儿｜奈样儿｜那么个｜那么价｜

201. 怎么 | 咋 |

202. 为什么 | 为啥 | 为甚 |

203. 差点儿 | 吸虎儿 | 险乎儿 | 砍乎儿 | 再下儿 | 沾乎儿 |

204. 多亏 | 亏得 | 多亏 | 亏搭 | 得亏 | 喜得 | 亏了 |

205. 一起儿（去） | 一口里 tæ24 | 一搭里 |

206. 的确（好） | 真个 |

207. 迟迟 | 只忙 |

208. 不停地（打） | 冷（个儿） | 蛮= | 冷松= |

209. 一边…一边… | 算…算… |

210. 故意 | 成心 | 专门 | 安阳 |

211. 一定 | 肯定 |

212. 不要 | 夔 pɑu21 |

213. 千万（～别说话） | 贵贱 | 长短 | 高低 |

214. 一团（泥） | 圪瘩 |

215. 一点儿 | 捏捏儿 | 一捻儿 |

叁　语法表

一、词缀

1.1　"日"字头记录"日"的读音（声韵调）

(1) **日急** 非常着急　　　　(2) **日踢** 糟蹋/搞坏

(3) **日噘** 责骂　　　　　　(4) **日鬼** 捣鬼/摆弄

(5) **日眼** 令人讨厌　　　　(6) 日弄 捉弄

(7) 其他例子：

1.2　"人⁰"字尾轻声，表示程度高让人不舒服

(1) 晒人 晒得人不舒服　　　(2) 热人 热得难受

(3) 闷人 闷得难受　　　　　(4) 照 ʐɑu44 人 光线刺眼让人不舒服

(5) 冷人 冷得使人受不了　　(6) 饿人 饿得人受不了

（7）其他例子：

1.3　"头⁰"字尾动词/形容词后，轻声

（1）**看头**值得看得：电影没~　　（2）**吃头**值得吃：羊肉泡馍有~

（3）**做头**值得干：这活儿没~　　（4）**挑头**值得挑选：这些苹果没~

（5）**说头**值得商量：这价太高了，没~

（6）**让头**值得减价：你实心买，我还有个~

（7）其他例子：

1.4 "子⁰"字尾

◆A—子

（1）**刀子**　　　（2）**树叶子**　　　（3）蝇子　　　（4）鸡娃子

（5）其他例子：

◆AA—子表小

（6）棍棍子棍子　　（7）**衫衫子**衬衫　　（8）**椅椅子**椅子

（9）**桌桌子**桌子

（10）其他例子：

◆"子"尾词经常借用作量词

（11）两车子白菜　　（12）两件子衣裳　　（13）一缸子热茶

（14）一块子木头　　（15）其他例子：

1.5 "儿⁰"字尾

◆A—儿

（1）**刀**（儿）　　（2）**棍**（儿）　　（3）**鸭**（儿）　　（4）**虫**（儿）

◆AA—儿表小，注意重叠音节的声调变化

（5）**刀刀儿**　　（6）**棍棍儿**　　（7）**椅椅儿**　　（8）**虫虫儿**

（9）其他例子：

1.6 形容词后缀

（1）凉哇哇　　（2）肥哇哇　　　　（3）毛啦啦　　　　（4）油啦啦

（5）瓜呆呆_{很傻}（6）痴呆呆　　　　（7）白生生　　　　（8）臭烘烘

（9）油光光　　（10）水汪汪　　　（11）黑嘛谷冬_{很黑}（12）齐刷刷

（13）肥囊囊　　（14）干戳戳_{食物太干}

（15）瓜不唧唧_{很傻}　　　　　　（16）软不沓沓

二、重叠

2.1　时间名词 AA（儿）A 式，表"每~"

（1）天天（儿）　　　（2）月月（儿）　　　（3）年年（儿）

（4）其他例子：

2.2　形容词 AA 儿式，表"比较~"

（1）黑黑儿的　　　（2）白白儿的　　　（3）热热儿的

（4）其他例子：

2.3　名词短语 AA 儿+N，表"~状+N"

（1）面面儿药　　　（2）盒盒儿饭　　　（3）碗碗儿茶

（4）壶壶儿酒

5. 其他例子：

2.4　形容词 ABAB 式，表"又 A 又 B"

（1）胖大胖大　　　（2）黑瘦黑瘦　　　（3）闷热闷热

（4）细高细高　　　（5）其他例子：

三、趋向动词

3.1　作补语

◆位置

（1）他拿**来**一支笔　拿一支笔来　　（2）他送**去**两瓶酒　送两瓶酒去

（3）提**上来**一桶水　提上一桶水来　　（4）端**下来**一碗水　端下一碗水来

◆陈述/祈使注明哪个陈述，哪个祈使

（5）钉**上去**一个钉子　**钉一个子钉上去**

（6）**搬进**来一箱书　搬一箱书进来｜搬进一箱书来

（7）**掏出**来一块表　掏一块表出来｜掏出一块表来

（8）**扔出**去一块肉　他扔一块肉出去｜扔出一块肉去

3.2 作谓语

（9）他**去**西安了　他西安去咧｜他去西安咧

四、副词程度副词后置

1. 他个子**很**高　他高得**很**｜他高**很**

2. 这个孩子**很**坏　这个娃瞎得**很**｜这个娃瞎**很**

3. 昨天的讲话**真**没意思　昨天的讲话没意思得**很**｜昨天的讲话没意思**很**

4. 这里的风景**很**美　这儿的风景美得**太**｜这儿的风景美得**太太**｜这儿的风景美**太**（**太**）

5. 他**非常**喜欢孙女　他喜欢孙女得**很**｜他喜欢孙女**很**

五、"给"的前/后置

1. 端一杯茶**给**我　端给我一杯茶｜一杯茶端给我｜给我端一杯茶｜给我给一杯茶｜给给我一杯茶

2. **给**他介绍朋友　介绍朋友给他

3. **给**开一下门　开给一下门

4. 再不听话，看我告诉你老师　看我告给你老师着｜给你老师告

5. 你把这点儿药**给**李英　把这点儿药给给李英

6. **给**地里再浇一回水就行了　给地里再浇给一回水就行了

7. 你休息一会再写吧　你歇给阵儿再写吧｜你歇一阵再写吧｜你给咱歇给阵儿再写吧

六、助词

6.1 语气词有无，注明声韵调

（1）我们的车三五天就去一回西安　我们的车三五天价去一回西安｜我们的车三五天也去一回西安

（2）你做阵儿歇阵儿吧　做给阵儿歇给阵儿价｜做给阵儿歇给阵儿也

6.2 "V+得/不+补语"表可能

（3）问：能不能完？答：能完。/完不了。得不得完——得完——不得完｜能完了不？——能完——完不了。

（4）问：能请来请不来？能请来。/请不来。请得来不——请得来/能请来——请不来

七、时制标记

7.1 过去时（事情发生在说话时以前）

（1）去年这个时候我还见你爸了　年时这个时候我还见你大来了

（2）这儿原来有一口井　这搭儿原来有一口井来了

（3）我们还没吃饭呢　我的还没吃饭来嘞｜我的还没吃饭哩

（4）那几年我正在酒店当经理呢　那几年我在酒店当经理着/得来了｜那几年我在酒店当经理来着

7.2 将来时（事情发生在说话时以后）

（5）一考完试我就走了　一考完试我就走呀｜一考完试我就走也

（6）你是回不回？你是回（也）不？｜你是回（呀）不？

八、句型

8.1 "把"字句

（1）不要/没有把鸡放出去　把鸡不要/没有放出去｜不要/没有把鸡放出去

（2）我能把饭吃完　我把饭能吃完｜我能把饭吃完

（3）一个劲儿地打牛蛮　把牛打｜冷把牛打

（4）你挺大方的　　把你大方得！

（5）你这个不成器的东西　　把你个不成器的东西！

（6）我家里死了一只鸡　　我屋里把一个鸡死了

（7）他拿过来了一个苹果　　他把一个苹果拿过来了

（8）一个西瓜全教他吃了　　把一个西瓜全教他吃了｜教他把一个西瓜全吃了

（9）钉子把手划破了　　教钉子把手划烂了

（10）你把我看透了　　教你把我看透了

（11）见到孩子我就放心了　　把娃一见，我就放心咧｜见了娃我就放心咧

（12）你把这个小偷看住　　你把这贼娃子看呱住｜你把这贼娃子看住呱｜你把这贼娃子看住

8.2　双宾句

（13）送他一本书　　送一本书给他｜有一本书送（给）他｜把一本书送（给）他

8.3　比较句

（14）我比他大　　我大过他｜我大起他｜我跟/赶他大

（15）我比他大三岁　　我大过他三岁｜我大起他三岁｜我大他三岁｜我跟他大三岁

（16）我没有他大　　我不如他大｜我没得他大｜我跟/赶不上他大

附录四　西安普通话调查词表

零　调查点和发音人

一、调查点

1. 行政村：

2. 行政区：

3. 在西安什么方向：

4. 离钟楼多少公里：

二、发音人

5. 姓名：

6. 性别：

7. 出生年月（公历）：

8. 出生地：

9. 主要经历：

10. 文化程度：

11. 职业：

12. 本人主要说哪种话：

13. 父母说什么话：

14. 普通话程度如何：不会　会　很熟练

15. 本人通信地址、电话：

16. 记音地点：

第一部分　读单字（**20** 个）

1. 没有	2. 齿	3. 逗	4. 猫	5. 地痞
6. 手	7. 鞭	8. 打	9. 处所	10. 拼
11. 停	12. 挡	13. 甩	14. 我	15. 坏
16. 累	17. 鸟	18. 跳	19. 多	20. 耳

第二部分　读词（30 个）

1. 活泼	11. 差不多	21. 谈恋爱
2. 波浪	12. 日子	22. 白色
3. 砖头	13. 大伯	23. 流泪
4. 袜子	14. 眼睛	24. 考试
5. 水稻	15. 眉毛	25. 喝水
6. 挣钱	16. 老师	26. 玩耍
7. 买书	17. 没有	27. 走路
8. 尝一下	18. 得到	28. 没事儿
9. 机械	19. 一百	29. 村庄
10. 西安	20. 绿色	30. 爷爷

致　　谢

时隔四年，博士学位论文终于出版了，这也是我的第一部学术专著。

回顾这部专著诞生的过程，读博的艰辛历历在目。虽然艰辛，但是无怨无悔。读博的过程是学术体系的整合过程，是专业学术训练的过程，是研究方法升华的过程，也是自己学术思想形成的过程。

读博期间的学术训练不仅提升了我的研究能力，也提升了我认识问题、解决问题的能力，对我学习、生活、事业的方方面面均大有裨益。感谢自己对于读博的坚持，虽然身兼数职、读得异常艰辛，但这一切都是值得的；感谢我的导师杜敏教授。杜老师虽然是一位年轻的博导，但在语言学方面尤其是古典语言学理论方面的积淀却很深厚，这也正是我所欠缺的方面，能师从杜老师，我倍感珍惜。特别是杜老师在学报方面有着多年编辑的经验，我的每篇论文，杜老师都耐心细致地批改，不仅在专业上，而且在写作规范上都提出了诸多宝贵意见，在杜老师的耐心调教下，我也一步一步地走到了今天，感谢杜老师，感谢您的教诲和帮助，学生终生受用不尽，感激涕零！

感谢我同届的博士同学，现在也是我的好同事——张永哲帮我记音，贺雪梅博士为我慷慨提供方言调查的资料，还有我的同事兼好友吴媛博士提供给我西安方言的资料并帮助我修改论文中有关西安方言的内容；还要感谢陕西师范大学文学院的方言学大家邢向东教授提供的语音实验室，本篇论文发音合作人的录音和记音工作都是在那完成的。

感谢荷兰乌特勒支大学（Utrecht University）的 Dr. Hans Van de Velde，他在社会语言学的语言变异和变化、语言接触、多语制、语言政策和规划方面颇有建树，2009 年又成为了中欧合作项目 "Industrialization，Language

Contact and Identity Formation in China and Europe"的联络员。在他的邀请下，我于2013年9月至2014年8月，在乌特勒支大学访学一年。乌特勒支大学是欧洲最古老的大学之一，拥有将近400年的历史，具有深厚的学术底蕴和优良的学术传统。在乌特勒支大学访学期间，在Dr. Hans Van de Velde的指导以及乌特勒支大学语言所工作人员的帮助下，我安安静静、全身心投入地完成了博士论文的写作，其间还得到了在乌特勒支大学语言所读博的中国留学生张璟玮、李芳、刘增慧的无私帮助，在此一并感谢。

还要特别感谢的是西安市北山门口村的发音合作人，以及居住在那的本地居民和外来人员配合我们做录音、问卷及访谈的调研工作；感谢西安财经学院数量经济学专业2012级的硕士研究生张思文同学帮助我进行数据分析；还要深深感谢我的家人，没有他们的支持和鼓励，我不可能背井离乡远赴荷兰完成我的博士论文，也就不可能最终完成这本学术专著。

最后我想说的是，只要有梦想，任何时候开始都不晚，尤其作为一名女性，不要以家庭、孩子为借口放弃自己的追求。我的硕士和博士都是边工作边读的，我博士毕业的第二年，儿子就以优异的成绩考上了澳大利亚莫纳什大学攻读工科双学位。一直以来，我都对儿子感到愧疚，因为我总是忙于自己的学业和工作，但他没有埋怨我对他照顾不周，反而以我为傲，说要跟我一样"活到老，学到老"。其实，母亲的行动是孩子最好的榜样，她的牺牲不一定能换来孩子的感激，但她的努力孩子是会看在眼里记在心里的。母亲的坚持、努力和不放弃会潜移默化地影响孩子，这才是最好的教育、身先士卒的教育，而不是空洞的说教。

读博是我学业、事业甚至人生的转折点，拿到博士学位、出版学术专著不是终点而是起点，我相信读书和学习将会伴随我终生……

2019年夏末秋初于师大

责任编辑:江小夏　李倩文

封面设计:胡欣欣

图书在版编目(CIP)数据

西安市城中村语言使用状况调查研究/李 琼 著. —北京:人民出版社,
　2019.12

ISBN 978－7－01－021290－6

Ⅰ.①西…　Ⅱ.①李…　Ⅲ.①汉语方言-调查研究-西安　Ⅳ.①H17

中国版本图书馆 CIP 数据核字(2019)第 207900 号

西安市城中村语言使用状况调查研究

XI'ANSHI CHENGZHONGCUN YUYAN SHIYONG ZHUANGKUANG DIAOCHA YANJIU

李 琼 著

人 民 出 版 社 出版发行
(100706　北京市东城区隆福寺街 99 号)

北京汇林印务有限公司印刷　　新华书店经销

2019 年 12 月第 1 版　2019 年 12 月北京第 1 次印刷
开本:710 毫米×1000 毫米 1/16　印张:13.25
字数:210 千字

ISBN 978－7－01－021290－6　定价:58.00 元

邮购地址 100706　北京市东城区隆福寺街 99 号
人民东方图书销售中心　电话 (010)65250042　65289539